COACHING PRÁTICO
O CAMINHO PARA O SUCESSO

Modelo pragmático e holístico usando o método
Project-based Coaching

Paul Dinsmore
Monique Cosendey Soares

3ª EDIÇÃO
Revista e Ampliada

COACHING PRÁTICO
O CAMINHO PARA O SUCESSO

Modelo pragmático e holístico usando o método
Project-based Coaching

QUALITYMARK

Copyright© 2014 by Paul Dinsmore e Monique Cosendey Soares

Todos os direitos desta edição reservados à Qualitymark Editora Ltda.
É proibida a duplicação ou reprodução deste volume, ou parte do
mesmo, sob qualquer meio, sem autorização expressa da Editora.

Direção Editorial	Produção Editorial
SAIDUL RAHMAN MAHOMED editor@qualitymark.com.br	EQUIPE QUALITYMARK

Capa	Editoração Eletrônica
WILSON COTRIM	SBNigri Artes e Textos LTDA.

1ª Edição: 2007
2ª Edição: 2011
3ª Edição: 2014

CIP-Brasil. Catalogação-na-fonte
Sindicato Nacional dos Editores de Livros, RJ

D615cs
3. ed.

Dinsmore, Paul, 1941-
 Coaching prático : o caminho para o sucesso ; modelo pragmático e holístico usando o método project-based coaching / Paul Dinsmore e Monique Cosendey Soares. – 3. ed. – Rio de Janeiro : Qualitymark Editora, 2014.
 160 p. : il. ; 25 cm.

Inclui bibliografia
ISBN 978-85-414-0150-0

 1. Executivos – Treinamento. 2. Administração de projetos. 3. Desenvolvimento organizacional. I. Soares, Monique Cosendey. II. Título.

13-05572
 CDD: 658.407124
 CDU: 005.742-057.162:005.963.1

2014
IMPRESSO NO BRASIL

Qualitymark Editora Ltda.
Rua Teixeira Júnior, 441 – São Cristovão
20921-405 – Rio de Janeiro – RJ
Tel.: (21) 3295-9800 ou 3094-8400

QualityPhone: 0800-0263311
www.qualitymark.com.br
E-mail: quality@qualitymark.com.br
Fax: (21) 3295-9824

Dedicatória

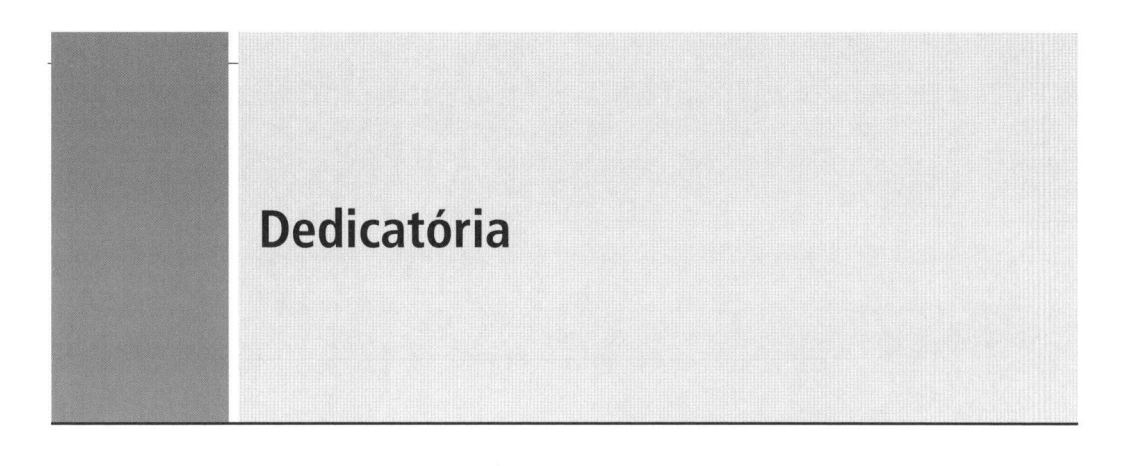

Ao meu pai.
As minhas mães.
Aos meus amigos que amo.
Monique

Aos meus filhos fantásticos e meus netos incríveis.
Ao meu círculo familiar.
Aos meus dedicados colegas de trabalho e amigos especiais, com amor e gratidão.
Paul

Agradecimentos

Agradecemos a participação e o apoio das seguintes pessoas que contribuíram substancialmente para esta obra: Angela Leal, Alonso Soler, Cláudia Mourão e Heloísa Capelas que contribuíram como autores-colaboradores com seus conhecimentos e expertise, respectivamente assinando capítulos sobre coaching para aposentados, coaching para gestores de projetos, coaching com foco nas habilidades de comunicação em público e autocoaching; Soraia Barreto, Frederico Costa, Fernanda Zarur, Naira Cavilha e Angela Leal que ofereceram comentários valiosos sobre o manuscrito original; Vanda Souza, pela proatividade, carinho e apoio sempre presente.

Somos gratos também aos nossos clientes corporativos e individuais com quem compartilhamos ao longo dos anos sonhos e aspirações, bem como conhecimento, energia e amizade.

Os autores

Prefácio

Este livro tem um significado muito especial para mim, uma vez que aborda algumas experiências minhas com o conceito de coaching e relata o imenso impacto que isso provocou na minha vida como executivo, empreendedor e ser humano.

O processo de coaching abriu novos horizontes à minha frente e mostrou que, com disciplina e organização pessoal, eu poderia multiplicar o meu potencial de forma inimaginável. Foi assim que aprendi a administrar o meu tempo, a delegar tarefas e a planejar o futuro, estabelecendo metas detalhadas no curto, médio e longo prazos.

Naturalmente, fiz muitos outros esforços para desenvolver a minha capacidade. Como sou médico, precisava aperfeiçoar-me em administração. Sendo assim, fiz cursos de especialização para executivos na PUC e na Fundação Getulio Vargas, no Rio de Janeiro, e também na Harvard Business School, em Boston, Estados Unidos. Além disso, participei de muitos outros *workshops* e seminários de curta duração. E esse investimento em educação foi fundamental para minha formação como gestor. Paralelamente, proporcionei ao quadro de líderes da empresa (muitos também com formação médica) oportunidades semelhantes para se desenvolverem como administradores.

Entretanto, nunca mais abri mão do coaching. No Grupo Amil, dezenas de executivos participaram do nosso programa de coaching, no período de 1992 a 1997. O projeto foi retomado em 2006, com foco em outra geração de executivos, a fim de dar continuidade à expansão do Grupo Amil.

Recomendo este livro do Paul e da Monique pela metodologia sólida e pelos conselhos decisivos. Os textos espelham anos de vivência em consultoria e coaching. E, certamente, servirão não apenas para desenvolver a capacitação de coaches em fase de crescimento, mas também para promover a reflexão de profissionais mais experientes. Trata-se de um trabalho que, assim como um bom coach, orienta, motiva, alerta sobre obstáculos e mostra caminhos. Enfim, tudo o que você precisa para fazer as suas escolhas e determinar a trajetória que deseja seguir.

Edson Bueno
Presidente do Grupo Amil

Prefácio dos Autores

Complementaridade. Essa é a fonte que nos inspirou a elaborar este livro, desde a conversa que deu origem ao projeto até sua finalização. Constatamos a complementaridade de nossos conhecimentos e experiências, propiciando a oportunidade especial de fazer um livro inovador e ao mesmo tempo prático. Percebemos a sinergia entre dois campos aparentemente diferentes: o do comportamento humano e o da metodologia de projetos.

Monique trouxe ao projeto a abordagem humana bem como sua formação e longa atuação na prática de coaching. Suas experiências incluem mais de 400 horas de coaching em todos os níveis e funções desde técnicos e gerentes até diretores de empresas. Trouxe, também, sua experiência como coach de vida para diversas pessoas que, por um motivo ou por outro, perderam contato com seu real caminho na vida.

Paul contribuiu com um modelo cartesiano, partindo de sua formação na área de projetos. Seu *paper* apresentado no Congresso Internacional de Gerenciamento de Projetos, "The Project of Your Life", deu origem ao artigo de capa da revista *Você SA*, "O Projeto Você", que forneceu subsídios importantes à obra.

O Parque Lage no Rio de Janeiro também teve boa contribuição para a finalização do manuscrito do livro. Foi nesse lugar bucólico que os coautores se encontravam nos domingos de manhã para planejar, coordenar e alinhar os textos. Na mesa do café da manhã da sede histórica do Parque, discutimos, tiramos dúvidas e ajustamos o rumo do livro.

Nessas reuniões, fixamos alguns princípios. O livro seria:

- Inovador.
- Prático.
- Didático.
- Holístico.

Era importante também apresentar algo de fácil leitura, com relatos de situações de coaching reais bem como dicas práticas para agilizar o trabalho.

Nesta Terceira Edição revisada do livro, foi agregado os Capítulos 15 focado em autocoaching e 16 sobre Líder-Coach. Visando acrescentar à praticidade dos conceitos apresentados, exercícios e instrumentos de coaching foram agrupados em obra à parte, o *Toolbox PBC*.

A quem o livro se dirige

Eis a sugestão de sequência de leitura do livro, visando dirigir o leitor ocupado diretamente ao que interessa.

O executivo de empresa: este tanto pode se interessar em aplicar o método em si mesmo, visando ao seu desenvolvimento profissional ou pessoal, como também aplicá-lo em seus subordinados, promovendo seu crescimento.

Iniciar leitura: Introdução; Capítulos 1, 2 e 8.

O profissional de Recursos Humanos: o competente profissional de RH, como corresponsável pelo desenvolvimento humano e gerencial na empresa em que atua, tem a visão total do processo de coaching, seja para aplicar as técnicas diretamente, seja para saber como e quando montar projetos de coaching que tragam benefícios para a organização para obter subsídios para encontrar o profissional que atenda às suas necessidades.

Iniciar leitura: Introdução; Capítulos 1, 2 e 5.

O profissional de gerenciamento de projetos: a metodologia proposta neste livro facilita ao profissional o entendimento do processo de coaching e como ele pode ser um fator que aumenta o sucesso dos projetos nos quais está envolvido.

Iniciar leitura: Introdução; Capítulos 1, 2 e 12.

O coach profissional: o coach experiente pode aproveitar o livro, comparando suas próprias vivências e metodologias às apresentadas aqui, assim aprimorando suas abordagens e unindo sua prática a uma nova visão.

Iniciar leitura: Introdução; Capítulos 1 ao 4, 6, 7, 9 e 11.

O coach iniciante: para o iniciante, o livro serve de introdução ao coaching, bem como referência para consulta. O modelo apresentado é de fácil aplicação e o apêndice de exercícios fornece subsídios para a aplicação do material teórico. As estórias e os *cases* também ajudam a contextualizar o cenário de coaching.

Iniciar leitura: Introdução; Capítulos 1 ao 4, 6 e 7.

O indivíduo em busca de "autocoaching" (fazer coaching em si mesmo): da mesma forma como o entusiasta de tênis pode aprimorar e progredir no seu jogo através de observação, de livros e de vídeos, o indivíduo que tem autodisciplina pode utilizar a metodologia do livro para ser seu próprio coach.

Iniciar leitura: Introdução; Capítulos 1 ao 3, 6, 7, 15 e 16.

Benefícios

Ao aplicar os conceitos desta obra, o leitor beneficiar-se-á de várias maneiras:

- Conhecerá um modelo completo e prático de coaching.
- Tomará conhecimento de situações e casos reais.
- Terá acesso a orientações e dicas comprovadas.
- Enriquecerá a eficácia do seu trabalho profissional.

Ferramentas de Aplicação

Visando istrumentalizar os conceitos aqui apresentados, a Qualitymark lançou o livro Toolkit PBC, que contém formulários, ferramentas e exercícios referente ao mofelo ProJect Based Cooching.

Ficamos felizes em apresentar esta obra, já que seu conteúdo espelha técnicas comprovadas e testadas, que fizeram transformações marcantes nas vidas de centenas de pessoas. Convidamos o leitor a aproveitar plenamente o livro, no sentido de buscar sua própria realização profissional, bem como de proporcionar aos seus coachee a realização dos seus sonhos.

Paul Dinsmore
Rio de Janeiro, agosto 2013

Sumário

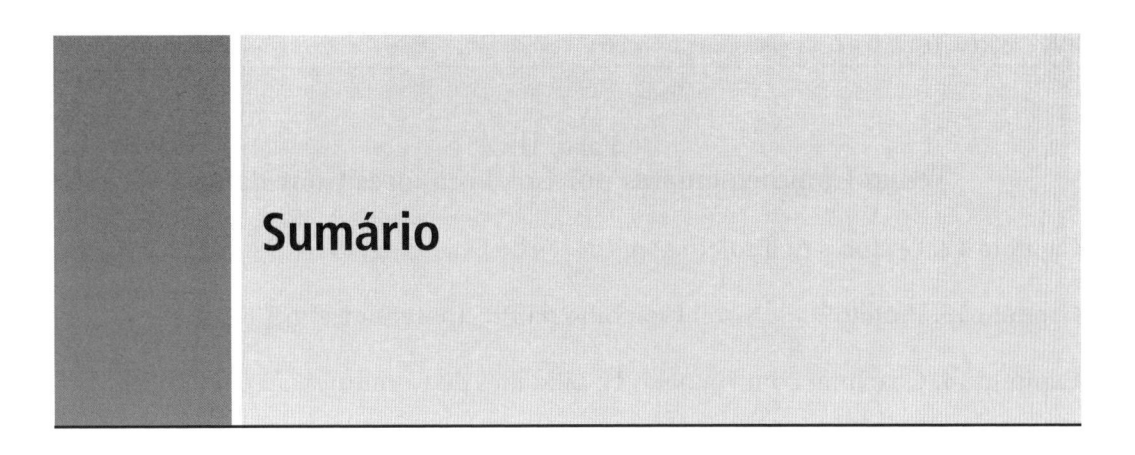

Introdução, XVII

Parte I
Conceituação e Abrangência do Modelo PBC

Capítulo 1. O Modelo PBC – *Project-based Coaching* (Navegar é Preciso), 3

Capítulo 2. Gerenciamento de Projetos: Os Instrumentos, 9

Capítulo 3. O Modelo Holístico de Coaching: O Banquinho de Três Pernas, 17

Capítulo 4. Perfil e Atuação do Coach Bem-sucedido, 25

Capítulo 5. O que o RH Precisa Saber sobre o Processo de Coaching?, 41

Capítulo 6. Entendendo seu Coachee, 49

Capítulo 7. Definindo Metas: A Chave da Transformação, 57

Capítulo 8. Empreendedores e Executivos: Como Fazer Coaching nesse Nível?, 67

Capítulo 9. Coaching × Mentoração: Qual é o mais Eficaz?, 77

Capítulo 10. Adolescentes: Dois Casos Distintos, 83

Capítulo 11. Comunicação: O Que Todo Coachee Precisa Saber, 89

Parte II
Temas Complementares por Colaboradores Convidados

Capítulo 12. Gestores de Projeto: Aplicações de Coaching, 97

Capítulo 13. Projeto Vida Nova: Coaching na Pré-aposentadoria, 105

Capítulo 14. Coaching com Foco nas Habilidades de Comunicação em Público, 111

Capítulo 15. Autocoach como Exercício de Autoliderança, 119

Capítulo 16. Líder-Coach: Como Aumentar a Capacitação de Liderança Através do Uso de Técnicas de *Coaching*, 127

Introdução

Coaching Via Projetos

O Coaching Prático Via Projetos teve como semente um trabalho de consultoria feito na década de 80 no Rio de Janeiro com o Presidente da Amil, Edson Bueno. Naquela ocasião, Dr. Edson, médico bem-sucedido à frente de empresa de assistência médica que faturava anualmente US$ 50 milhões, queria desenvolver-se como executivo e capacitar sua equipe gerencial com o objetivo de imprimir um crescimento dramático à empresa. Entre outras iniciativas tomadas, Bueno resolveu embarcar em um programa de coaching.

Nas palavras de Bueno: "Atribuo ao coaching boa parte do meu desenvolvimento em termos de organização, delegação e administração de tempo. Como consequência, mudei meu estilo gerencial e procurei modelar um bom comportamento como gestor para os demais executivos da empresa." Posteriormente, os conceitos foram aplicados a 15 outros executivos da Amil. Nos 20 anos seguintes, o Grupo Amil superou em muito a marca de US$ 1 bilhão em faturamento anual, devido em boa parte aos fortes investimentos em desenvolvimento gerencial, treinamentos avançados e sessões de coaching com seus altos executivos, como afirma Bueno.

O modelo que foi concebido evoluiu das sessões iniciais na Amil. Agora conhecido como Project-based Coaching (PBC), é flexível e oferece tanto uma abordagem global de vida para 15 pessoas quanto uma visão modular com foco em projetos específicos. Ou seja, o modelo pode ser usado em projetos de coaching voltados para planos da vida e planejamento de carreira, bem como em projetos do tipo melhoria no desempenho gerencial, aquisição de habilidades comportamentais ou resolução de desafios específicos.

Coaching

Coach na língua inglesa significa o técnico em modalidades esportivas, como futebol, basquete, ginástica ou tênis. O coach orienta, facilita, motiva, mas não joga. Quem joga é o atleta ou jogador.

No contexto de desenvolvimento humano, coach refere-se ao profissional que se utiliza de técnicas e de seu conhecimento pessoal para ajudar o cliente a atingir suas metas e a obter aquilo a que se propõe. O cliente, também conhecido como *coachee*, corresponde ao jogador. O coach atua como facilitador, é leal a seu coachee, e, acima de tudo, acredita em sua capacidade de realização e conquista. A palavra coaching aqui significa o ato de realizar as sessões de facilitação junto ao coachee.

Na medida em que não existem "receitas de bolo" para os desafios que um indivíduo encontra em seu caminho pessoal ou profissional, cabe ao coach fazer as perguntas certas, a fim de permitir que respostas certas venham à tona e sejam esclarecidas. Cada indivíduo sabe o que é melhor para si mesmo. A função do coach é facilitar e ajudar a alcançar o nível de excelência que existe no coachee.

> *O bem-sucedido empresário Anderson começou a enfrentar dificuldades na sua empresa de prestação de serviços de engenharia. Parecia que tudo ia mal. Faltavam novos clientes, alguns bons funcionários saíram da empresa e a lucratividade dos contratos em andamento se reduzia cada vez mais. Ele se sentia vítima das circunstâncias.*
>
> *Buscou solução através do coaching e se frustrou quando o coach não dissipara nas primeiras sessões o que ele descrevia como "nuvem preta" que pairava sobre si.*
>
> *Ao perceber que a fonte do período negro do seu coachee era sua postura de vítima, o coach começou a investigar suas crenças básicas, e mostrar como a postura de vítima funciona como roteiro para uma vida de azar e infelicidade. O momento-chave de mudança foi quando o coach ensinou seu coachee a se fazer a seguinte pergunta: "O que fiz, ou deixei de fazer, que fez com que esta situação se apresentasse?".*
>
> *Segundo Anderson, no momento que ele se fez a pergunta, "A ficha caiu!" A partir do momento que ele percebeu que sua própria energia e atitudes estavam contribuindo negativamente para o estado da empresa, ele passou a imprimir uma energia muito mais positiva em seu trabalho e na realização de suas metas, e a virada da empresa se iniciou.*

Cabe ao coach usar diversas abordagens para o coachee descobrir a chave da virada. No caso de Anderson, bastou uma simples pergunta para lembrá-lo que sua própria energia emana ondas fortíssimas e provocam resultados coerentes com a qualidade desta energia.

Anderson buscava a resolução de uma questão específica (como fazer uma virada na sua empresa), questão essa que constitui um dos focos clássicos de coaching, ou seja, o coaching pontual em função de desafio específico. Isso ocorre quando o indivíduo possui uma questão a ser trabalhada como, por exemplo, uma barreira a ser vencida, ou o desenvolvimento de sua capacidade de liderança, de administração do tempo ou de organização.

O outro foco é mais abrangente – é dirigido ao coaching holístico ou de transição de vida onde o objetivo do trabalho é analisar as muitas áreas da vida da pessoa, bem como os diversos papéis que desempenha, buscando o equilíbrio e procurando detectar o que não está funcionando bem, e o que pode ser desenvolvido. Quando o foco é na transição da vida, o objetivo aqui é ajudar a pessoa a entrar em uma nova fase tal como aposentadoria, perda de emprego ou até mesmo um momento em que seja importante pensar nas escolhas feitas até aquele momento.

O contexto de coaching pode variar. Em alguns casos, a motivação de buscar assessoria de um coach parte do próprio indivíduo ou, em outro contexto, a pessoa se beneficia de um programa corporativo. Portanto, há dois cenários clássicos de coaching:

- Particular – envolve apenas um indivíduo, que busca orientação e desenvolvimento a partir de sua ótica e de suas necessidades. A própria pessoa paga as sessões de coaching.
- Corporativo – são projetos específicos, patrocinados pela empresa, visando ao desenvolvimento de um ou mais executivos ou profissionais. Ocorrem quando as organizações contratam coaching externo no intuito de promover mudanças ou agilizar a forma de agir, a fim de atender aos objetivos da empresa, e também quando é necessário alinhar executivos às mudanças na cultura da empresa. Aqui, o coaching também é individual, só que dirigido a um número maior de profissionais dentro da empresa, e podem ser aplicado em grupo, em equipe como também o coaching técnico.

Autocoaching

É possível uma pessoa usar um modelo de coaching sem ter o apoio de um coach profissional? Isto é, seria viável uma pessoa usar os conceitos de coaching em busca de melhoria própria?

De fato, o modelo PBC proposto neste livro no Capítulo 1, bem como outros conceitos apresentados em livros ou revistas especializadas, pode ser aplicado em regime de "coaching de si mesmo". Basta seguir as orientações e acompanhar um planejamento de forma disciplinada. Assim, a própria pessoa pode imprimir seu ritmo e fazer o trabalho de acordo com sua conveniência.

> *Fred veio de Minas Gerais para o Rio de Janeiro para tentar a sorte em televisão, área onde ele já tinha alguma experiência. Diz Fred: "Vim para ser o próximo William Bonner da Globo". Já que a oportunidade não se apresentou de imediato, acabou arrumando um emprego em pequena empresa de consultoria como "assistente de marketing", responsável por comunicação interna e diversas tarefas dadas pela sua chefia.*
>
> *Passados três anos, Fred se desanimou com o trabalho e acabou saindo da empresa. Passou dois anos em pequenos trabalhos como autônomo, quando surgiu uma oportunidade para um trabalho temporário de três meses na empresa anterior de consultoria.*

Foi nesse momento que Fred resolveu dar uma virada na sua vida e partiu para um "autocoaching" com base em um artigo de revista. Fez seu planejamento e passou a seguir alguns passos simples propostos na revista. Inscreveu-se em curso de pós-graduação e passou a encarar a atividade de marketing com interesse e entusiasmo. A tarefa inicial de três meses se transformou em função permanente. O antigo sonho de televisão passou a ser preenchido pelo fascínio da profissão agora assumida de marketing, que ele seguiu com profissionalismo e realização.

Logo, o autocoaching, aplicado no momento certo, pode resultar em grandes transformações. Fred declarou: "O artigo me deu a ordem necessária para direcionar minha vontade e dar uma virada na minha vida". Foi o suficiente para ele dar uma guinada através do autocoaching.

Por outro lado, a eficácia de um projeto pessoal é normalmente realçada com o apoio de um coach profissional, que faz o papel do técnico que orienta o jogador de tênis, ou do *personal trainer* que garante motivação e disciplina para pessoa cuja meta é de ficar em excelente forma. A figura do coach oferece uma fonte que estimula a autoconfiança do coachee.

O desejo de fazer autocoaching pode partir de um artigo, como no caso de Fred, ou ainda de um filme, ou da conversa com um colega.

Lourenço começou como office boy *em outubro de 1994, com 17 anos de idade, em uma empresa de consultoria e treinamento no Rio de Janeiro. Ele demonstrou uma postura proativa e logo foi convidado a dar apoio na área financeira. Nessa época ele começou a fazer algumas sessões informais de coaching com um dos diretores, que identificou potencial nele para galgar outras posições na empresa. Na mesma época ele começou a pensar sobre o futuro e fez as seguintes anotações em sessão de* brainstorming:

- *Objetivos: Ficar rico??? Viver bem? Realizar-se profissionalmente?*
- *Opções de Profissão: gestor de projetos, administrador, consultor, profissional de marketing.*
- *Ramo de Negócios: consultoria, telecomunicações, marketing.*
- *Habilidades necessárias: inglês, espanhol, certificação profissional, MBA/pós-graduação, curso no exterior, liderança, comportamental, técnica de apresentação, escrever, informática.*
- *Possíveis Funções: gerente, executivo, técnico, dono, sócio, presidente, conselheiro, consultor internacional.*

Finalmente, a última anotação do brainstorming *foi: "Criar planejamento financeiro e de realizações pessoais".*

Ele passou a ocupar posições na área de operações e posteriormente em vendas, sempre demonstrando competência e vontade de crescer. Finalmente, em linha com a ambição e a visão demonstradas no brainstorming, *ele montou sua própria empresa de consultoria e treinamento em sociedade com outros profissionais do ramo, virou professor de instituições renomadas e conseguiu alcançar boa parte das metas estabelecidas no seu planejamento financeiro e de realiza-*

ções pessoais. *Essa nova empresa cresceu, prosperou e ocupou posição significativa no mercado; e como sócio-diretor, Lourenço exercendo papel significativo de liderança na organização*

Apesar de Lourenço não ter passado por um processo longo e formal de coaching, as poucas sessões que fez ajudaram-lhe a estudar opções de carreira, formular metas, expressar suas ambições e iniciar planejamento. Logo, como demonstrado no caso do Lourenço, iniciativas que provocam reflexão e inspiram pensamentos sobre o futuro ajudam a estabelecer uma base sólida para traçar os próximos passos na carreira.

Os casos de Fred e de Lourenço são testemunhas da força de vontade inerente a algumas pessoas. Com um pequeno estímulo, conseguem a motivação necessária para continuar caminhando em direção aos seus sonhos.

O coaching aplica-se às pessoas que ainda não encontraram o estímulo adequado, ou que querem um acompanhamento do seu processo de crescimento, independentemente do seu nível de competência ou aspiração. Coaching aplica-se tanto ao iniciante, quanto ao nível de altos executivos.

O Modelo PBC (Project-based Coaching)

Neste livro, apresenta-se o modelo PBC (Project-based Coaching), que incorpora os conceitos clássicos de coaching com a moderna metodologia de gestão de projetos. O modelo facilita a navegação pelo processo de coaching, tanto para o coach, quanto para o coachee, englobando as fases clássicas de sonho, ambiente atual, missão, valores, visão e objetivos, e se afunila na metodologia de projetos. Assim, o modelo propõe um trabalho de base que parte do sonho do coachee, levanta o ambiente atual da pessoa, estabelece sua missão, traz à tona seus valores, define sua visão e consequentemente seus objetivos que, por sua vez, serão objetos da abordagem de projetos.

O objetivo do modelo é facilitar a chegada do coachee ao destino desejado, que em termos de navegação marítima é o porto de destino. Dizia o pensador Sêneca: "Quando um homem não sabe a que porto se dirige, nenhum vento lhe é favorável. Não há ventos favoráveis para os que não sabem para onde vão".

De fato, com a carta náutica da antiguidade, o destino não era claro. Além da pouca clareza quanto ao destino, o instrumento de navegação era o sextante, um aparelho de reflexão, destinado à medida de ângulos e alturas dos astros, sujeito à margem de erros. A navegação moderna, por outro lado, conta com alta tecnologia, orientação de satélite por GPS (Global Positioning Systems), e cartas náuticas on-line para garantir a rota mais curta, segura e econômica.

Da mesma forma, em termos de coaching, há instrumentos eficazes que asseguram o planejamento da rota bem como técnicas que otimizam o melhor caminho para o coachee. Com objetivo de melhor orientar o coach e o coachee foi criado o *Toolbox PBC*, livro de ferramentas que complementa este livro texto.

Gerenciamento de Projetos

Os conceitos de projetos usados neste livro englobam dez áreas elaboradas no próximo capítulo. São o gerenciamento de: escopo, tempo, custo, qualidade, comunicação, recursos humanos, aquisições, risco, partes interessadas e integração. Cada uma dessas áreas é traduzida em termos de aplicabilidade ao coaching. Outros conceitos, como o ciclo de vida, e a estrutura analítica, que ajudam a organizar e a priorizar os aspectos mais importantes de projetos, também têm aplicação direta ao coaching, e são apresentados nos capítulos que seguem.

A metodologia de projetos, portanto, garante o bom planejamento e acompanhamento dos objetivos. Assim, eles se tornam plenamente atingíveis quando o processo de coaching une-se à abordagem de projetos.

O gerenciamento de projetos, como parte integrante do Modelo PBC apresentado no capítulo a seguir, garante a implementação dos objetivos fixados na fase inicial do coaching. A partir das fases iniciais que englobam o sonho, o ambiente atual, a missão, os valores, a visão e os objetivos desejados, a abordagem de projetos mapeia o caminho para transformar os objetivos traçados em realidade.

Resumo

No contexto de desenvolvimento humano, coach refere-se ao profissional que se utiliza de técnicas de seu conhecimento pessoal para ajudar o coachee a atingir suas metas e a obter aquilo a que se propõe. A função do coach é facilitar e ajudar a alcançar o nível de excelência que existe no coachee. Há dois tipos básicos de coaching: o holístico e o pontual. Existe ainda o autocoaching praticado por pessoas que aplicam modelos de desenvolvimento a si mesmos. O coachee pode ser um indivíduo que contrata o coach particularmente, ou uma corporação que contrata para interagir com alguns executivos ou profissionais. O livro Coaching Prático Via Projetos baseia-se em um arcabouço chamado Modelo PBC, Project-based Coaching, que facilita a navegação pelo processo de coaching, tanto para o coach, quanto para o coachee. O modelo propõe um trabalho de base que parte do sonho do coachee, levanta o ambiente atual da pessoa, estabelece sua missão, traz à tona seus valores, define sua visão e consequentemente seus objetivos. Existe uma correlação lógica com coaching e gestão de projetos, já que projetos de coaching também são únicos, têm início, meio e fim, portanto possuem características de projeto. A metodologia de projetos, portanto, garante o bom planejamento e o acompanhamento dos objetivos do coachee.

Parte I

Conceituação e Abrangência do Modelo PBC – Project-based Coaching

O Modelo PBC – Project-based Coaching (Navegar é Preciso)

"Navegar é preciso, viver não é preciso", disse o poeta Fernando Pessoa. A afirmação "... viver não é preciso" significa no poema que a vida não pode ser medida e nem traçada com precisão. Paradoxalmente, e por isso mesmo, um Modelo de Navegação se torna necessário para se chegar ao destino desejado. É exatamente pela falta de precisão da vida com toda sua ambiguidade que é necessário lançar mão de um modelo para dar ordem e rumo à vida, às metas e aos objetivos.

Este capítulo apresenta um modelo que orienta o coach e facilita a navegação do coachee na busca dos seus objetivos. O Coaching Prático Via Projeto tem como base um modelo de navegação que inclui a metodologia de projetos como instrumento de navegação possibilitando ao coachee atingir seus objetivos. A Figura 1.1, o Modelo PBC, apresenta os componentes do modelo, que incluem: *Sonho, Ambiente Atual, Missão, Valores, Visão, Objetivos* e *Gerenciamento de Projetos*. Esse modelo garante a inclusão dos elementos necessários para conduzir um projeto de coaching com sucesso. Sua utilização facilita o andamento do projeto de coaching e aumenta a probabilidade de o coachee transformar seus sonhos em realidade.

O coach competente conta com experiência profissional e intuição, mas baseia-se também em modelo lógico para navegar com sucesso pela viagem que se propõe a fazer como guia do seu coachee. Embora o comandante do navio conte com sua experiência no mar e com vivências anteriores, ele não dispensa os princípios e o instrumental da navegação.

O Sonho

Os sonhos, baseados em pensamentos repletos de emoção e desejo, representam a fonte da transformação humana. Esses sonhos diferem de sua versão noturna uma vez que são processados mais conscientemente. São devaneios e vontades que influenciam o rumo de vida dos seres humanos.

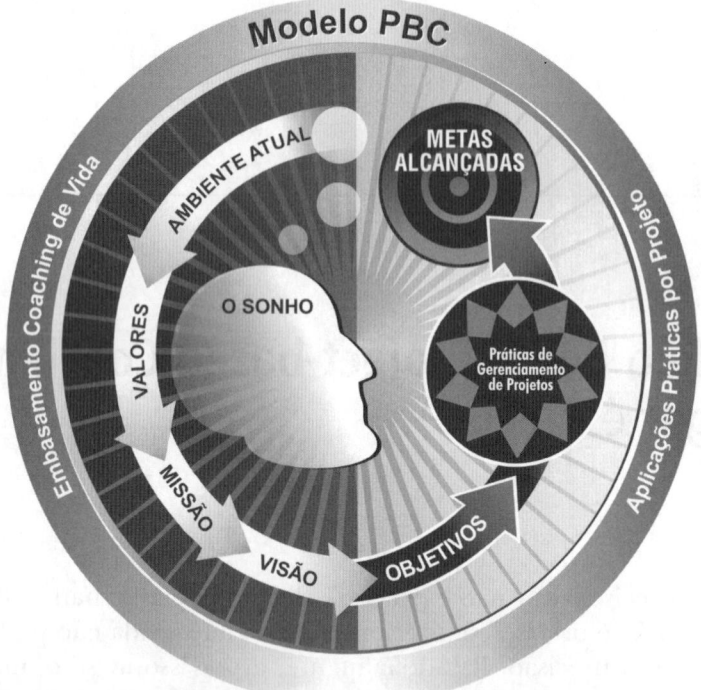

Figura 1.1 – Modelo PBC – Project-based Coaching.

Grandes figuras da história como Abraão Lincoln, Jesus Cristo, Martin Luther King e Leonardo da Vinci, que além de sonhadores eram grandes visionários, e, como consequência, atingiram resultados que marcaram a história. Exemplos no Brasil incluem Padre Anchieta, Oswaldo Cruz, Marechal Rondon e o próprio descobridor Pedro Álvares Cabral, todos também realizadores de primeira.

Outro sonhador, Fernão Capelo Gaivota, voou atrás do seu sonho de superar em muito os limites de velocidade de gaivotas comuns. E porque sonhou alto, conseguiu realizar grandes feitos. O autor do livro do mesmo nome, Richard Bach, conta que o final da estória de Fernão reflete seu próprio sonho de sucesso como autor.

Fernão contava com a figura de um coach, um velho gaivota que dava conselhos, estimulava e questionava o jovem gaivota nos seus momentos de dúvida. Quem fazia o esforço era Fernão; no entanto, o apoio do seu coach foi essencial para garantir o resultado final. Como no livro no caso do velho gaivota, cabe ao coach ajudar o coachee a articular seu sonho e a mantê-lo ao longo do seu projeto.

O Ambiente Atual – Interno e Externo

"Quem é o coachee, como é sua vida, e o que ele faz com ela?"

O coach precisa obter a resposta dessa pergunta para poder orientar seu coachee com eficácia. Por isso, o processo de coaching parte da criação de um retrato do ambiente interno e externo do coachee.

O ambiente interno refere-se ao perfil da pessoa, incluindo sua natureza, suas características de personalidade, seus recursos pessoais e suas tendências comportamentais. Esse perfil interno pode ser percebido pelo coach através do discurso do coachee e das questões trazidas por ele. Também existem instrumentos de avaliação de perfil disponíveis no mercado, que permitem uma análise detalhada sobre o perfil do cliente. O processo de coaching é feito especialmente para o coachee. O conhecimento do perfil fornece a base para o desenvolvimento do trabalho, uma vez que se adapta a ele. Esse é um dos motivos pelos quais o coaching é um processo individual e "sob medida".

O ambiente externo do coachee também afeta o processo de coaching. Por exemplo, se seu momento é de pressão, de crescimento, de incerteza ou de crise, seu comportamento será influenciado. Essas informações são levantadas nas entrevistas realizadas com o coachee. O ambiente externo, acoplado ao perfil interno, constitui o pano de fundo para o desenvolvimento do processo de coaching.

A Missão

"Por que estou aqui na Terra? Para quê? Qual minha missão?" Cabe ao coach apoiar o coachee na elaboração ou na revisão da sua missão, fazendo com que ele responda a essas perguntas.

A missão de vida é a tradução do sonho do coachee. Se o sonho pessoal é claro, otimista e motivador, ele facilmente se traduzirá em uma missão pessoal, que, por sua vez, irá lançá-lo em direção aos seus objetivos e às suas metas. Por outro lado, se a imagem é nebulosa e vaga, é provável que a missão pessoal fique inicialmente confusa, bloqueando assim o caminho aos objetivos.

O segredo para tornar a missão cristalina é transformar o sonho em poucas palavras. O texto da missão define *por que o coachee está aqui na Terra*. Por exemplo: ser um pai, uma mãe, um filho, uma filha exemplar; ser uma pessoa admirada; contribuir para o mundo ou para a sociedade; inspirar os outros através de música, poesia ou bom exemplo; ser inventor, atleta ou artista plástico; ser um profissional excepcional, alcançar realização espiritual.

Jack Welch, o ex-CEO da empresa internacional GE, afirma que a missão, no contexto empresarial, deverá responder à pergunta: "Como pretendemos vencer neste negócio?". Traduzindo para o mundo pessoal, se o *negócio* pode ser entendido como a vida do coachee, a missão, de forma simplista, seria "vencer na vida".

Já que todo coachee é único, alguns poderão satisfazer-se com uma missão simples e outros irão preferir algo mais elaborado. Cabe ao coach assegurar que o texto desenvolvido pelo coachee seja coerente com o seu sonho.

Os Valores

Honestidade, honra, ética, livre expressão, qualidade e respeito são exemplos de valores. Valores são conceitos amplos que contribuem para um código de conduta para viver em grupo. Os valores pessoais são fortemente influenciados pelos valores da sociedade. No processo de coaching, é fundamental que os valores pessoais do coachee sejam pesquisados, para identificar aqueles que lhe são caros, que determinam o rumo e que dão sentido a sua vida. Podem ocorrer insatisfações e até mesmo infelicidade quando se vive uma vida em que valores pessoais são transgredidos ou desrespeitados.

Mariana trabalhava como Engenheira Júnior em empresa petroquímica. Ela sempre esteve envolvida com questões ambientais desde o ginásio quando ganhou o prêmio Meio Ambiente em feira de ciências. Ela percebeu ao desempenhar, suas funções na área de manutenção, que a empresa ocultava algumas práticas de disposição de sobras das linhas de produção. Quando começou seu processo de coaching e adquiriu maior conhecimento sobre si mesma, entrou em contato com seus valores e percebeu que eles estavam sendo transgredidos em seu papel profissional.

A coach ajudou Mariana a avaliar suas opções, isto é, a procurar influenciar a empresa a atuar de outra forma, ou de buscar outras oportunidades profissionais. Mariana capitaneou iniciativa interna visando desenvolver uma forma alternativa de a empresa descartar seus resíduos poluentes, mas não houve apoio político por parte da administração. Consequentemente, Mariana buscou outra oportunidade em uma empresa com práticas impecáveis em relação ao meio ambiente.

Cabe ao coach tornar visíveis e conscientes os valores pessoais do coachee, e garantir que as etapas consequentes de coaching respeitem esses valores que lhe são caros.

A Visão

"Aonde quero chegar e em quanto tempo?" A visão do futuro do coachee precisa responder a essa pergunta em etapas distintas. Trata-se de um projeto com quatro focos temporais:

1. A visão de curto prazo, com projeções para as metas a serem realizadas nos próximos seis meses.
2. A visão de médio prazo, ou dos próximos três anos, que assegura continuidade e ajuda a visualizar o caminho a ser percorrido.

3. A perspectiva de longo prazo para os próximos dez anos, fornecendo visão global de realizações a serem alcançadas.
4. Por fim, a projeção dos anos dourados. Afinal, essa etapa de vida também precisa ser bem vivida.

As visões poderão conter uma combinação de itens do tipo: constituir família, ter moradia própria, cursar um mestrado, iniciar carreira como autor, ser reconhecido na profissão, diminuir o nível de estresse, engajar-se em movimento social, atingir nível de competência em atividade esportiva e aposentar-se com fonte alternativa de renda. O texto da visão deverá ser suficientemente específico para verificar se está na direção certa, mas não tão específico ao ponto de definir atividades e metas, já que isto corresponde à fixação de objetivos que é tratado a seguir.

Cabe ao coach ajudar a estabelecer a visão no curto, médio e longo prazos de acordo com o sonho e da capacidade de realização do coachee.

Os Objetivos

A partir da visão, os objetivos são fixados. Os objetivos possuem características definidas, precisas e mensuráveis. Para cada uma das visões (curto, médio e longo prazos e aposentadoria), é preciso fixar os objetivos correspondentes que possam ser acompanhados.

Por exemplo, para uma visão no médio prazo (ter casa própria, concluir um mestrado, ser reconhecido na profissão, diminuir o nível de estresse, atingir nível competente em atividade esportiva), os objetivos poderiam ser:

- Obter financiamento para a compra de apartamento de três quartos em bairro de classe média.
- Fazer curso preparatório e fazer inscrição no curso de mestrado em administração.
- Fazer e implementar plano de melhoria de imagem profissional.
- Ler três livros sobre relaxamento antiestresse e praticar regularmente alguma atividade ligada a isso.
- Participar em torneios no clube de esportes no nível intermediário com resultados competitivos.

Os objetivos normalmente requerem definição de uma série de atividades necessárias para atingir metas. É aí que entra o conceito de gerenciamento de projetos, pois essa disciplina fornece o ferramental para o planejamento e a implementação dos planos que levarão ao alcance dos objetivos.

Por que Usar o Modelo PBC no Coaching?

A intuição é a bússola para viver a vida para a maioria das pessoas, ora com excelentes resultados, ora com resultados menos felizes. Para aquelas pessoas que têm a filosofia de "deixar acontecer" e que têm flexibilidade de se adaptar aos rumos que a vida vai tomando, essa forma intuitiva pode ser perfeitamente adequada. Por outro lado, pessoas que procuram o coaching normalmente se importam com resultados, querem ter direcionamento de suas ações e têm expectativas em relação ao futuro. O coachee, portanto, busca um modelo que reforçará sua trajetória em direção aos sonhos e, consequentemente, aos seus objetivos.

O Modelo PBC apresenta o arcabouço do processo de coaching. O modelo inicia-se com o sonho do coachee e se finaliza com os princípios de projetos. No capítulo a seguir, os segredos da implementação dos objetivos via projetos são revelados.

Resumo

O Modelo de Navegação PBC apresenta os componentes do modelo que incluem: *Sonho, Ambiente Atual, Missão, Valores, Visão, Objetivos* e *Gerenciamento de Projetos*. Esse modelo garante a inclusão dos elementos necessários para conduzir um projeto de coaching com sucesso. Os sonhos são vontades e desejos mais profundos que influenciam o rumo de vida dos seres humanos. O ambiente externo, acoplado com o perfil interno do coachee, constitui o pano de fundo para o desenvolvimento do processo de coaching. A missão de vida é a tradução do desejo sonhado do coachee. O segredo para tornar a missão cristalina é transformar o sonho em poucas palavras. Valores são conceitos amplos que contribuem para um código de conduta para viver em grupo. No processo de coaching, os valores pessoais do coachee são pesquisados para identificar aqueles que lhe são caros, que dão sentido para sua vida. Cabe ao coach ajudar a dosar visões de acordo com a intensidade do sonho e da capacidade de realização do coachee. A visão do futuro do coachee precisa responder à pergunta: "Aonde quero chegar em quanto tempo?" em quatro etapas temporais distintas. Os objetivos possuem características definidas, precisas e mensuráveis. Para cada uma das visões (curto, médio e longo prazos e aposentadoria), é preciso fixar os objetivos correspondentes que possam ser acompanhados. O Modelo PBC apresenta o arcabouço do processo de coaching. O modelo se inicia com o sonho do coachee e se finaliza com os princípios de projetos.

2 Gerenciamento de Projetos: Os Instrumentos

Tudo pode ser visto como um projeto, inclusive você e seu coachee!

Já que a vida do ser humano se encaixa na definição da palavra *projeto* (é única, tem início, fases intermediárias e um fim), os princípios de gestão de projetos também se aplicam a projetos de coaching. O conceito de projetos tem uma analogia direta com a vida humana, e logo podem ser aproveitados em coaching na busca de objetivos junto aos coachees.

A aplicação do gerenciamento de projetos aos objetivos fixados no Modelo PBC exige a adaptação a situações específicas. Tanto a abordagem de projetos pode ser aplicada em nível mais amplo, quanto pode ater-se à conquista de um único objetivo. Logo, em coaching, os conceitos de projetos são customizados para atender aos propósitos do coachee.

As duas categorias clássicas de coaching resumidas a seguir podem beneficiar-se dos conceitos de projetos.

- Coaching holístico visando o projeto de vida, focando a vida toda ou uma fase de transição da vida. O coaching de vida requer a aplicação ampla dos conceitos de projetos. Mesmo que o foco principal do coachee seja *carreira*, os outros aspectos da vida particular também influenciam fortemente.
- Coaching focando objetivos específicos ou pontuais. O uso de metodologia de projetos com foco em objetivos específicos exige uma abordagem customizada para transformar os objetivos em realidade. Um projeto de uma pessoa que pretende participar na Maratona de Nova Iorque é um exemplo específico em que os princípios de gerenciamento de projetos são aplicáveis.

A abordagem de projetos garante objetivos planejados e bem acompanhados. Dessa forma, cada objetivo, seja de vida, seja de natureza específica, torna-se plenamente atingível na medida em que se utiliza o processo de coaching em conjunto com a metodologia de projetos. Segue um resumo da conceituação de projetos, que serve como instrumento de implementação do Modelo PBC apresentado no capítulo anterior.

A Essência de Gerenciamento de Projetos

Gerenciamento de projetos divide-se em dez áreas de conhecimento. Segundo o PMI (Project Management Institute), estas áreas englobam o gerenciamento de: escopo, tempo, custo, qualidade, comunicação, recursos humanos, aquisições, risco, partes interessadas e integração, conforme demonstrado na Figura 2.1.

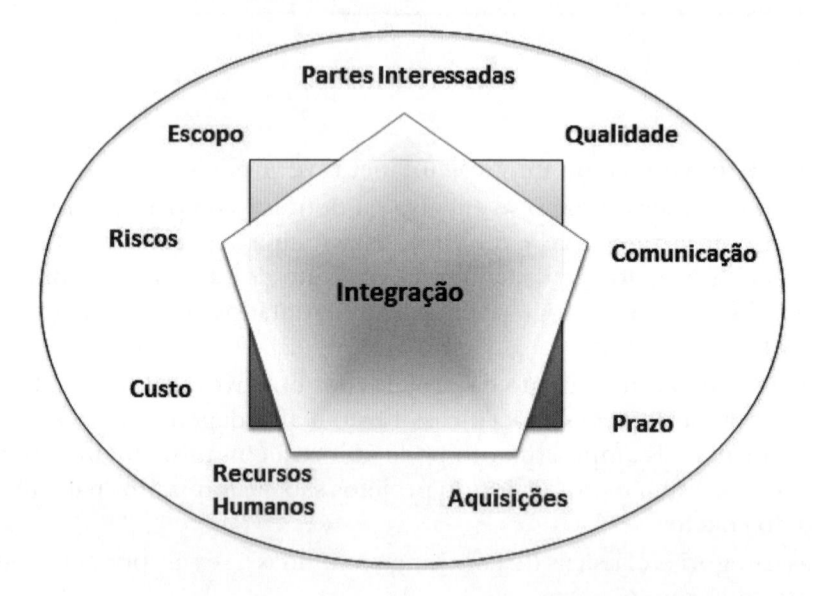

Figura 2.1 – As dez áreas do Gerenciamento de Projetos (PMBOK® Guide – 5ª edição, 2013).

A seguir, estas áreas serão explanadas com foco específico em coaching. Ênfase especial é dada aos assuntos de *escopo* e *tempo*, em função de sua importância durante a fase de planejamento.

Gerenciamento de Escopo

Através do Modelo PBC, os objetivos do coachee são identificados e, por sua vez, um projeto é planejado, alinhavando as atividades necessárias para atingir as metas de cada objetivo. Se, por exemplo, o objetivo é correr a Maratona de Nova Iorque, é preciso definir o escopo do projeto com todas suas atividades.

Das dez áreas de gerenciamento de projetos, todas são relevantes ao longo da vida, mas o escopo merece atenção especial quando se trata de coaching. O escopo representa o que é incluso no projeto e determina a fronteira com aquilo que se exclui dele. Existe uma técnica consagrada para definir o escopo chamado de EAP, estrutura analítica do projeto. A EAP constitui o passo principal em direção ao alcance do objetivo.

Tecnicamente, a EAP é uma forma hierárquica que visa dividir projetos em atividades mensuráveis e controláveis chamadas de "pacotes". Esses pacotes devem ser de tamanho adequado para serem realizados pelas pessoas a quem são atribuídos, no entanto não tão pequenos a ponto de serem de menor relevância. Quando se trata do projeto da vida, a EAP representa as áreas da vida do coachee, conforme ilustrado na Figura 2.2.

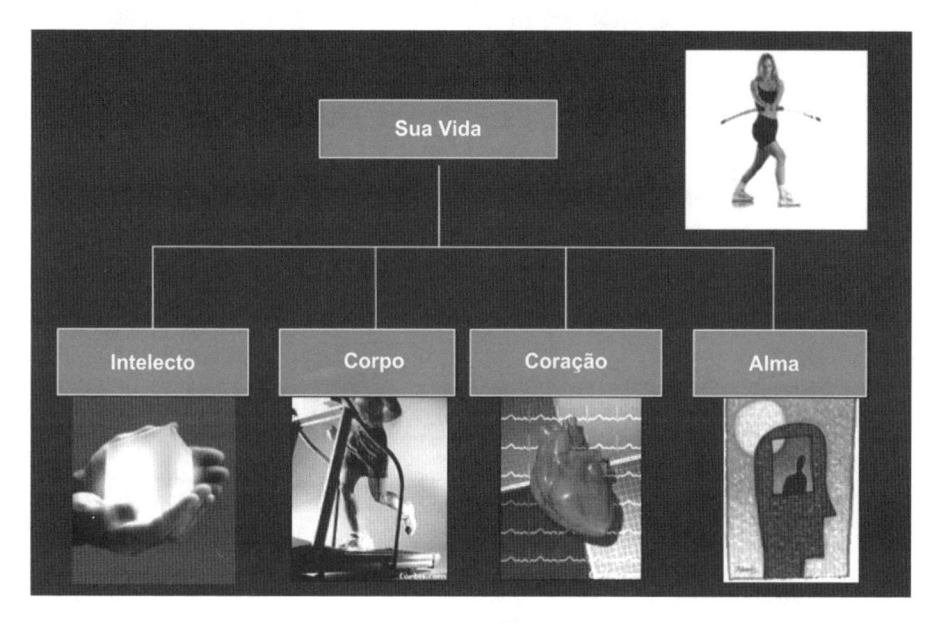

Figura 2.2 – Estrutura analítica ilustrativa de projeto de vida.

A Figura 2.3 mostra outra estrutura analítica em que o indivíduo em questão classifica sua vida em categorias: profissional, saúde, lazer e família. Observa-se que cada indivíduo tem sua própria lógica para determinar as áreas principais de sua vida. Outra opção ainda seria: carreira, desenvolvimento pessoal, saúde, família e propósito social.

Observa-se que uma EAP contém apenas a organização lógica das atividades do projeto sem levar em conta a ordem de execução. Com base na estrutura analítica da vida do coachee, os objetivos podem ser determinados, e subsequentemente a cronologia das ações pode ser determinada.

A estrutura analítica também pode ser usada em projetos específicos, como por exemplo, o de participar na Maratona de Nova Iorque conforme demonstrado na Figura 2.4.

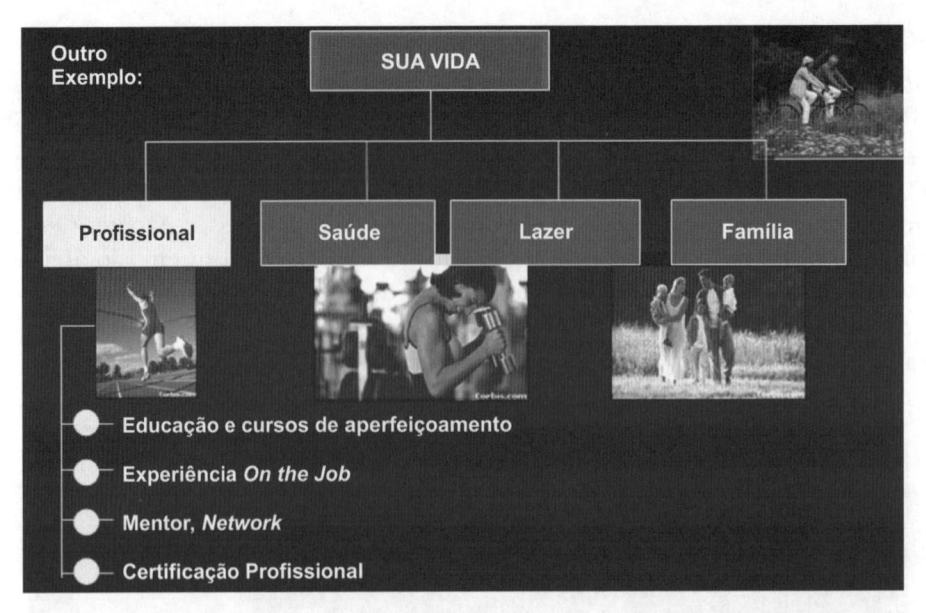

Figura 2.3 – Mostra exemplo de estrutura analítica, em que o item "Profissional" é subdividido em pacotes menores.

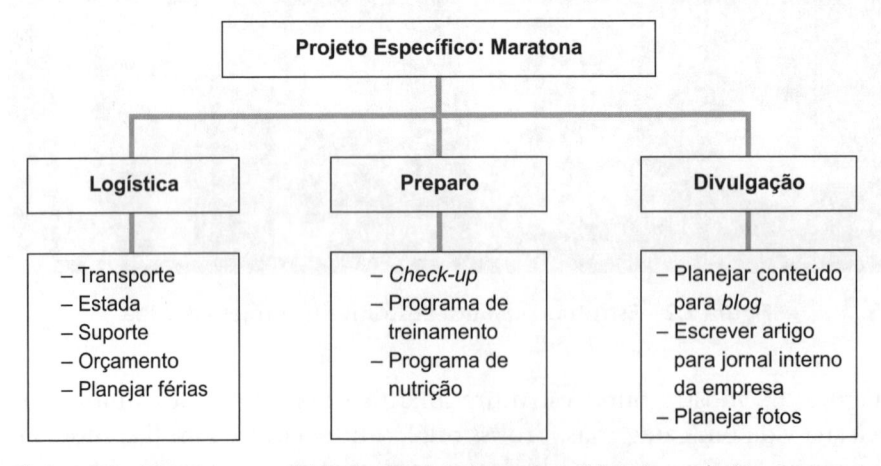

Figura 2.4 – Estrutura analítica ilustrativa do projeto Maratona de Nova Iorque.

Gerenciamento de Tempo

Coaching é feito ao longo de um tempo, e um projeto específico do coachee também acontece ao longo de um prazo que poderá ou não coincidir com o período do coaching. Logo, o tempo precisa ser gerenciado, utilizando-se de uma listagem de atividades e cronograma de datas. No projeto Maratona de Nova Iorque, as atividades definidas no escopo são caracterizadas com datas de início de datas de término. Independentemente do escopo, é necessário que o coachee elabore planos e que eles sejam traduzidos em termos cronológicos.

Uma opção simples para tornar visíveis os prazos de um projeto em questão é a tabela de datas-chave (*milestone chart*). As datas-chave são escolhidas como pontos para monitorar o progresso do projeto, destacando as atividades críticas. Essas são apresentadas em relatório resumido, como vê-se na Figura 2.5. A tabela representa um instrumento simplificado para o controle das datas-chave do projeto.

Atividade	Data Prevista	Data Real	Comentário
Fazer inscrição na maratona			
Fazer reservas em hotel e transporte aéreo			
Combinar com colegas brasileiros para treinar em Central Park			
Fazer consulta com nutricionista			
Fazer o *check-up* físico			
Finalizar programa de treinamento com o preparador físico do clube			
Finalizar orçamento			
Desenvolver plano de suporte			
Fazer reunião da família			
Detalhar roteiro das férias			
Combinar com comunicação interna da empresa para fazer artigo			
Submeter o artigo			
Planejar conteúdo de *blog*			
Planejar fotos			

Figura 2.5 – Tabela de datas-chave para o projeto Maratona de Nova Iorque.

Neste capítulo, das dez áreas de gerenciamento de projetos, são destacadas as de gerenciamento do escopo e do tempo, que são as básicas para dar início ao de coaching via gerenciamento de projetos. As demais áreas de gerenciamento (custo, qualidade, aquisições, recursos humanos, riscos, comunicações, partes interessadas e integração) são complementares e enquadram-se no projeto de coaching conforme descrito a seguir.

Gerenciamento de Custo

O projeto que corresponde a cada objetivo do coachee envolverá investimentos e despesas. Isso significa que o projeto precisa ser orçado, com a correspondente previsão de fluxo de caixa, particularmente quando o investimento previsto é substancial. Por exemplo: o projeto Maratona de Nova Iorque certamente envolverá despesas do tipo: viagem, hospedagem e refeições, inscrições e materiais.

Gerenciamento de Qualidade

Para atingir um objetivo, o projeto em questão exige qualidade. Isso significa planejar o projeto seguindo aquele padrão de qualidade. No caso da maratona, a qualidade da corrida pode ser especificada como "terminar em tempo inferior a 6 horas".

Gerenciamento de Comunicação

Todo objetivo depende da boa comunicação, desde o próprio planejamento das atividades até sua divulgação e engajamento de pessoas envolvidas. Cabe, em alguns casos, preparar um plano de comunicações. As comunicações para o projeto em Nova Iorque incluem inscrições, entendimentos familiares, detalhes logísticos e divulgações do feito.

Gerenciamento de Aquisições

Alguns objetivos requerem materiais, equipamentos e serviços que precisam ser adquiridos. O projeto bem-sucedido, portanto, contempla a aquisição desses recursos. A maratona envolve aquisições de material especial de corrida, serviços especializados do tipo academia, *personal trainer* e alimentações especiais.

Gerenciamento de Risco

Riscos são inerentes à condição humana, e em graus diversos dependendo do objetivo específico. Vale fazer uma análise de risco ligado ao objetivo em questão. Atividades esportivas exigem cuidados preventivos e também de coberturas de seguro em casos de ocorrências.

Gerenciamento de RH

O recurso humano principal no processo de coaching, evidentemente, é o próprio coachee. O conceito de RH, no seu escopo mais amplo, inclui aspectos como administração de equipes, benefícios, férias e capacitação profissional. Dentro do conceito focado em coaching, o coachee também precisa administrar esses aspectos em torno de seu dia a dia, de sua carreira e de sua vida.

Gerenciamento de Partes Interessadas

As partes interessadas, ou *stakeholders*, são pessoas que influenciam positiva ou negativamente o andamento de determinado projeto. Ao se tratar do projeto de vida do coachee, esses *stakeholders* passam a ser aquelas pessoas que podem facilitar ou atrapalhar o caminho traçado para atingir certos objetivos. No projeto citado da maratona, familiares, colegas de esporte, *personal trainer* e nutricionista são partes interessadas que precisam ser coordenadas.

Gerenciamento de Integração

Os elementos de projetos são interdependentes. Logo, é preciso que haja alinhamento entre as diversas iniciativas. A integração do projeto da maratona é facilitada com a elaboração de um "plano de projeto" que engloba todas as dez áreas de gestão de projetos anteriormente apresentadas.

Logo, com a integração dos instrumentos de projetos com o Modelo PBC, fica consolidada a base técnica do conceito Coaching Prática Via Projetos. E tanto faz aplicar os conceitos de projetos de forma holística, visando à vida, ou com foco em objetivos específicos: eles são igualmente eficazes nos dois casos. Além dessa abordagem técnica via gerenciamento de projetos, no entanto, há outros elementos que influenciam a eficácia do coaching. A abordagem via projetos é necessária para o sucesso, mas não é suficiente. Os elementos complementares são tratados no capítulo a seguir.

Resumo

Há uma conexão entre coaching e gerenciamento de projetos. O processo inicial de coaching busca traduzir os sonhos em objetivos específicos através do Modelo PBC. Os objetivos, por sua vez, passam a ser o foco de projetos que são planejados. A chave para tornar real um objetivo é encará-lo como projeto; essa abordagem garante objetivos planejados e bem acompanhados. Dessa forma, cada objetivo torna-se plenamente atingível na medida em que se utiliza o processo de coaching. Gerenciamento de projeto divide-se em dez áreas de conhecimento, quais sejam: o gerenciamento de escopo, de tempo, de custo, de qualidade, de comunicação, de recursos humanos, de partes interessadas, de aquisições, de risco e de integração. A aplicação do gerenciamento de projetos aos objetivos fixados no Modelo PBC exige a adaptação a situações específicas. Tanto a abordagem de projetos pode ser aplicada em nível mais amplo, de vida, quanto pode-se ater à conquista de um único objetivo. Assim, os conceitos de projetos são customizados para atender aos propósitos do coachee. Na estrutura analítica (EAP), as atividades são subdivididas a níveis que as pessoas as possam controlar. Uma forma de demonstrar os prazos previstos é a tabela da datas-chave (*milestone chart*). As datas-chave são escolhidas como pontos para monitorar o progresso do projeto, destacando particularmente as atividades críticas.

3
O Modelo Holístico de Coaching: O Banquinho de Três Pernas

O equilíbrio de um banquinho de três pernas depende de cada uma das pernas. Todas precisam ter robustez e tamanho suficiente para dar sustentação. De forma semelhante ao banquinho, o sucesso em coaching depende igualmente de três pontos de apoio.

O Modelo PBC, visto no capítulo anterior, constitui uma das pernas do Modelo Holístico de Coaching. O modelo PBC é a base comum de diálogo para a dupla coach-coachee e fornece o ponto de referência para a condução das sessões. Em tese, é suficiente a dupla coach-coachee seguir o processo mapeado no modelo PBC para o coachee alcançar seus propósitos.

Existe, no entanto, um porém nessa tese. Um processo cartesiano de passos, conforme o descrito no modelo PBC, raramente é suficiente para estimular transformações no comportamento humano, embora forneça o embasamento essencial. É preciso algo mais, algo que impulsione o coachee ao longo dos passos do modelo PBC.

Os outros pontos de apoio são de natureza menos cartesiana. Trata-se de componentes de *energia* que irão permear o processo, transformando passos em resultados palpáveis e vibrantes. Logo, o sucesso do modelo PBC depende fortemente dessas duas outras pernas para se sustentar.

As outras pernas, em conjunto com o modelo PBC, constituem o modelo Holístico de Coaching ilustrado na Figura 3.1. As três pernas do banquinho representam *Intenção, o Modelo PBC* e *Determinação*. Cada uma das pernas do banquinho é fundamental para se obter a transformação desejada no coaching, seja de natureza holística (de vida), seja focada em projeto específico.

Apenas uma das pernas que sustentam o caminho do sucesso, a do modelo PBC, é baseada em lógica convencional. As outras são de natureza subjetiva, representando dois terços do processo de transformação desejada. São elas: a *força da intenção* que o indivíduo imprime ao visualizar e ao alinhar seus propósitos, e a *determinação* na implantação que corresponde à ação, à perseverança, à garra e ao espírito de "não desistir nunca" necessários para tornar realidade o sonho almejado.

Figura 3.1 – O banquinho de três pernas, representando: Intenção, Modelo PBC e Determinação.

A Energia da Intenção

Pessoas que fazem acontecer, que são vencedoras e campeãs nos seus campos de atuação têm um elemento em comum. Mesmo sendo diferentes em características físicas, formação educacional e intelectualidade, todas convergem para uma característica básica. Trata-se da *força da intenção*, ou seja, o poder, a convicção e a vontade de transformar seus sonhos em realidade.

Mesmo que nunca tenham ouvido falar de coaching e de sua metodologia, elas possuem uma força tão poderosa que supera a aplicação de modelos teóricos. A força inerente a essas pessoas por si só é suficiente para lançá-los em direção ao sucesso e à obtenção dos seus objetivos. Trata-se de pessoas excepcionalmente dotadas de talento, dom ou carisma que facilitam e iluminam seu caminhar pela vida.

Guy Laliberté, Chief Executive Officer e fundador do Cirque du Soleil, usou a força da intenção para criar um inovador império de entretenimento. Ao perceber a decadência dos grandes circos com seus altos custos e crescentes críticas em relação aos tratamentos de animais, esse canadense se perguntava se não haveria uma forma de juntar a empolgação do circo com técnicas de teatro, assim criando uma nova forma de entreter o público. A estória de sucesso do Cirque du Soleil, fundado em 1984, é relatado no livro O Oceano Azul, *em que pesquisadores de Harvard descrevem toda uma metodologia para conquistar um nicho no mercado, em que os custos são baixos, o valor aos clientes é elevado e não há concorrência. É exatamente o caso do Cirque du Soleil.*

Observa-se, no entanto, que Laliberté construiu seu império muito antes do lançamento do livro, puramente em função do seu sonho e da força de sua intenção. Já que essa característica da intenção é tão valiosa na propulsão de pessoas em direção aos seus objetivos, vale investigar como acessá-la e aplicá-la como catalisador no processo de coaching. Se através do coaching pode-se incrementar a intenção do coachee em relação aos seus propósitos mapeados no modelo PBC, a realização do sonho fica muito mais provável.

O coachee típico de coaching dificilmente possui a força de intenção daquelas poucas pessoas capazes de fazer materializar metas incríveis baseado puramente na energia inerente ao seu DNA e à própria natureza. Aliás, se possuísse, não estaria participando de um processo de coaching! O coachee típico, mais provavelmente, é uma pessoa com algum nível de sucesso, e possui vontade de galgar níveis ainda maiores de realização. Tal realização pode ser atingida à medida que a intenção seja intensificada.

A Chave da Intenção

O segredo da força da intenção reside em três elementos: 1. foco nos resultados; 2. visualização do futuro como se fosse o presente; e 3. filtro de pensamentos alheios. Inicialmente, o coachee focaliza os resultados desejados, como se fosse um alvo. Esse movimento é reforçado pela visualização de um "filme do futuro como estivesse acontecendo no momento". E, finalmente, o coachee aprende a filtrar e a deletar pensamentos aleatórios e alheios, principalmente aqueles que podem desviar a atenção dos objetivos desejados.

O aspecto *intenção* exerce enorme influência no coaching: basta o coach saber acessá-la e facilitar que o coachee entre em contato com ela ao longo do processo. Assim sendo, vale analisar como aproveitar a força da intenção que reside em todo ser humano, mesmo que não tenha consciência dela.

O coach no seu papel de "técnico" atua como motivador, inspirador e força positiva. Isso quer dizer que sua função vai além da simples orientação do coachee ao longo dos passos do modelo teórico. O coach funciona como fonte que energiza o coachee no caminho aos seus objetivos. O coachee, portanto, recebe energia positiva por parte do coach bem como orientação sobre como acessar e desenvolver a sua própria energia. Assim, o coachee encontra e reforça sua própria fonte de intenção, e aplica essa força a seus planos e propósitos.

Como, Então, Ajudar o Coachee a Acessar sua Força de Intenção?

A conexão com a intenção para cada indivíduo é sutil, subjetiva e peculiar. Por isto, o coaching bem-sucedido é feito "customizado" para cada coachee. Há recursos que ajudam o coachee a exercitar a intenção. Por exemplo, há centenas de excelentes livros, desde os mais básicos de autoajuda até obras filosóficas, que servem de embasamento para a força da intenção. Revistas de RH também tratam desse assunto com frequência. Ainda existem *workshops* e seminários que colocam o coachee em contato mais próximo com sua força da intenção.

Eis a sugestão de passos para o coach abordar o assunto *intenção*:

1. Descobrir do coachee seu conhecimento e vivência com o conceito de intenção através de seu contato via livros, artigos, *workshops*, mentorias ou terapias.
2. Caso o coachee tenha pouco conhecimento do conceito, apresentar alternativas de leituras e vivências.
3. Alinhavar com o coachee uma linha de estudo e vivências com foco no poder da intenção.
4. Fazer um mínimo de três sessões de coaching com foco na força da intenção, visando a(à): a) foco nos resultados; b) visualização do futuro como se fosse o presente; c) filtro de pensamentos negativos.

Para o poder da intenção se manifestar com toda sua força, há alguns passos para seguir. Cada um deles agrega valor e aumenta a probabilidade de o desejo da pessoa se manifestar.

Passo 1. *Filtragem*. O primeiro passo consiste em abrir espaço no ser do coachee para colocar em ação os componentes necessários para conseguir a manifestação da *intenção* alvejada. Isso significa a liberação de pensamentos e sentimentos negativos. Com exercício e persistência, muitas negatividades podem ser filtradas e outras administradas de forma tal que haja espaço para instalar e reforçar pensamentos mais saudáveis.

Passo 2. *Pensamento*. Uma vez instalado o hábito de filtrar pensamentos e linguagens negativas, a clássica forma de pensar positivamente representa o próximo nível em direção à manifestação da *intenção*. Frases positivas repetidas com frequência, sem dúvida, contribuem para programar a mente para ter uma predisposição positiva.

Passo 3. *Visualização*. Mais forte ainda é o ato de visualizar o que é desejado, como se fosse cena de um filme colorido. Esse movimento reforça substancialmente o pensamento positivo, e faz com que a *intenção* se instale na subconsciência. Assim, a subconsciência passa a enviar mensagens sutis e constantes para a mente e a induz a agir em prol da *intenção*.

Passo 4. *Emoção*. O ato final em termos de fixação da *intenção* se resume em agregar mais um elemento ao filme visualizado no passo anterior. Com a adição desse elemento, a probabilidade de a *intenção* se manifestar aumenta consideravelmente. Trata-se de agregar à cena visualizada, à emoção da realização do desejo, como se estivesse já acontecendo. O sentimento de alegria e satisfação da realização da cena visualizada faz com que a *intenção* fique em sintonia com o universo externo, fazendo com que ela se manifeste.

A *intenção* representa a fundação, a base do processo de coaching. É algo sutil, mas que sustenta o processo do coaching. A intenção dá a firmeza necessária para que sejam realizados os objetivos iniciais que serão trabalhados.

A Energia da Determinação

A perna *determinação* do banquinho representa a atividade de implementação e as características de persistência, disciplina e garra. A palavra determinação contém também a palavra ação, que é inerente a essa característica. A energia da determinação é responsável pelo cumprimento dos planos definidos. É essa energia que transforma a intenção e o planejamento em realidade.

Técnicos esportivos são famosos por sua habilidade em imprimir o espírito de determinação em seus jogadores. Bernardo Rezende, o Bernardinho, técnico da seleção brasileira de vôlei masculino, afirma que as vitórias acontecem por um misto de talento dos jogadores, determinação e espírito de coletividade da equipe. De 2001 até 2007, Bernardinho e seus atletas disputaram 18 competições oficiais, chegaram 17 vezes a finais e levaram o título de 14 torneios. Qual a receita para atingir tamanha eficiência? Diz Bernardinho: "Os elementos mais importantes são determinação na preparação, solidariedade e o desafio constante dos limites".

Roberto Justus, publicitário e personalidade da televisão perguntado sobre a chave do seu sucesso, responde: "Ninguém, quando está começando, imagina aonde pode chegar. Você não sabe o que vai te acontecer". Existem os mais determinados e os menos determinados. "Eu era muito determinado."

Outros notáveis da história declararam sua homenagem à virtude da determinação:

- Thomas Edison, inventor da lâmpada disse: "Não fracassei. Apenas encontrei 10.000 abordagens que não funcionam".
- Leonardo da Vinci, inventor e artista, trabalhou no famoso quadro *Mona Lisa* ao longo dos últimos anos da vida, buscando fazer o quadro perfeito.
- Vince Lombardi, lendário técnico do time de futebol americano Green Bay Packers afirmava: "Se você acredita em si e tem coragem, determinação, dedicação e força competitiva, tudo é possível".
- Nelson Mandela disse: "A maior glória na vida não reside em nunca cair, mas em levantar sempre que se cai".

A determinação é essencial para ser bem-sucedido na vida, ou em projetos específicos. A história dos grandes vencedores demonstra a importância dessa qualidade. Mas, em termos de coaching, como trabalhar a determinação? Como o coach pode ajudar a desenvolver essa característica no seu coachee? Quais as técnicas de coaching que podem imprimir no coachee a persistência e a garra de permanecer firme no caminho traçado?

Eis alguns passos para reforçar a determinação do coachee:

1. Descobrir suas experiências anteriores: suas vitórias e fracassos. Pesquisar as desistências: quando desistiu de algo e o porquê.
2. Caso o coachee tenha pouca consciência sobre seu grau de determinação, fazer *brainstorming* a respeito e recomendar leituras de grandes vencedores.
3. Combinar com o coachee reforço de determinação que seja coerente com sua maneira de ser (se faltar organização pessoal, recomendar curso de administração do tempo; sugerir que escolha uma pessoa admirada para se espelhar, leitura sobre grandes personagens).
4. Fazer sessão de coaching com foco na determinação e avaliar necessidade de fazer sessões complementares.
5. Sugerir ao coachee criar premiações para o cumprimento de etapas principais dos projetos (viagem, jantar especial, compra de algo especial).

A Perna do Modelo PBC

A perna PBC do banquinho, detalhado nos Capítulos 1 e 2, representa a abordagem do planejamento. Esse planejamento incorpora o próprio modelo PBC e é formado pelas características do pensar, do ordenar, do refletir e do ajustar.

As vantagens da abordagem cartesiana no processo de coaching são:

- Garante a abrangência do coaching.
- Serve como mapa do processo.
- Evita erros de lógica.

As três óticas ilustradas pelas pernas do banquinho que representam "O Projeto de Coaching Bem-sucedido" são complementares. A perna *intenção* cria a energia facilitadora que faz com que o universo conspire a favor dos propósitos definidos. A perna modelo PBC abrange o delineamento dos passos lógicos necessários para realizar os objetivos. A perna *determinação* representa a disciplina e a ação requeridas para que os planos tenham um final feliz.

Há enorme interatividade entre os três aspectos. Quanto maior for a força da intenção, mais fluido e fácil será o planejamento das atividades alinhavadas no modelo PBC. Da mesma forma, quanto mais eficaz forem os planos, mais tranquila será a implementação.

A metodologia de coaching representada pelo modelo PBC será eficaz na medida em que é reforçada pelas *energias* da *intenção* e da *determinação*. Com essa cobertura energética, tudo é possível.

Resumo

Três pernas sustentam o caminho do sucesso, a do *modelo PBC*, com base em planejamentos, a *força da intenção*, que focaliza o alinhamento dos propósitos e a *determinação* na implantação, que corresponde à ação e à perseverança, necessárias para tornar realidade o sonho. Vencedores e campeões têm a *força da intenção* em comum, isto é, têm o poder de transformar seus sonhos em realidade. A perna PBC do banquinho representa a abordagem do planejamento. E a energia da determinação é responsável pelo cumprimento dos planos definidos.

4

Perfil e Atuação do Coach Bem-sucedido

"Será que tenho perfil para ser coach?"

Não há uma resposta simples para o profissional que se faz essa pergunta. Na medida em que as necessidades de cada coachee são diferentes, é difícil montar um "retrato falado" que reúna todas as características que geram sucesso nessa profissão.

Contudo, há alguns pontos que são encontrados frequentemente em bons coaches, que serão descritos a seguir.

Gostar Genuinamente de se Relacionar com Pessoas

Lembre-se: o coach vai estar em contato estreito com gente e com seus desafios *em todas as sessões de coaching*. Isso exige habilidade de relacionamento além de conhecimento sobre comportamento humano. Se o coachee não perceber sua empatia em relação a ele e às suas questões ou se sentir incompreendido, ele não vai confiar. Um coach é apaixonado pelas questões das pessoas, gosta de observar e entender os motivos por trás dos comportamentos, aprecia e sente-se feliz ao perceber o desenvolvimento de seu coachee.

O coach é um incentivador. Gosta do que faz e vibra com os progressos do coachee. Ao mesmo tempo, sabe ser firme para mantê-lo no rumo que o levará em direção a seus objetivos.

Ser Paciente

O coach respeita o tempo necessário para que seu coachee processe as informações que recebeu e as descobertas que fez sobre sua vida e sobre si mesmo e comece a realizar mudanças em seus comportamentos e atitudes. Uma pessoa é diferente da outra. Alguns coachees percebem rapidamente o que está acontecendo, como estão agindo e o que não está funcionando e respondem rapidamente, promovendo transformações rápidas, caminhando em direção aos seus objetivos com determinação.

Outros precisam de mais tempo para modificar comportamentos e atitudes que os levarão a se aproximar de suas metas. Uma vez que o coach não está emocionalmente envolvido com a questão do coachee, é mais fácil para ele perceber o que está se passando, quais os comportamentos que o coachee assume e que são pouco eficazes, e até o rumo natural da mudança. Entretanto, o que é óbvio para o coach geralmente não é para o coachee. O coach respeita isso e sabe acompanhar a velocidade de mudança do coachee.

Essa situação demonstra o quanto estar atento ao ritmo do coachee é importante. Ele sabe quando desafiar os limites do coachee, mas também sabe o momento certo de "tirar o pé do acelerador". Se o processo ocorrer em um ritmo lento demais, o coachee pode perder o interesse pelo trabalho. Por outro lado, se for rápido demais ele verá o processo de coaching como uma forma de pressão e não como um instrumento de ajuda.

Ser Flexível

Por mais que o coach planeje uma sessão, ela dificilmente irá desenrolar-se da forma esperada. Entre uma sessão e outra, a vida do coachee continua acontecendo, ele continua interagindo com outras pessoas, enfrentando seus desafios e se transformando.

O coachee pode chegar à sessão em uma situação diferente daquela que o coach esperava. Pode ser que o assunto que o coach havia decidido discutir, de repente, torne-se inadequado ou obsoleto. Processos de mudança podem surpreender ambas as partes. Em face de seus desafios, o coachee muitas vezes encontra recursos que alavancam processos com rapidez. A eficácia do trabalho reside na capacidade de o coach responder à demanda do coachee sem perder o foco no objetivo principal do trabalho.

Nesse momento, a flexibilidade é fundamental. Cabe ao coach abandonar o planejamento inicial, analisar o novo contexto e aproveitar o que aconteceu de forma a enquadrar os novos fatos dentro do caminho do coachee em direção às suas metas.

Roberto fazia coaching para desenvolver sua capacidade de confrontar seu chefe imediato, um profissional autoritário, que frequentemente gritava ordens a seus subordinados, não permitindo diálogo. Roberto é tímido e retraído, o que tornava seu desafio ainda maior. O foco era desenvolver sua autoconfiança através do reconhecimento de sua excelente capacidade técnica. Com a continuação do trabalho, chegou o momento de "ensaiar" um confronto com seu chefe. A sessão foi cuidadosamente planejada, para criar uma situação em que ele treinaria como colocar seus pontos de vista. No dia da sessão, Roberto chegou satisfeito e com um sorriso radiante. Na véspera, seu chefe havia dado uma ordem fora de propósito e ele o confrontou de forma educada, demonstrando o que não iria dar certo. O resultado foi positivo: embora seu chefe não tenha exatamente apreciado o confronto, acabou cedendo diante dos sólidos argumentos apresentados por Roberto.

O planejamento montado para a sessão perdeu o sentido e ela passou a ter como foco o reforço da estratégia que o levou a ter o comportamento desejado.

O coachee continua processando os aspectos trabalhados durante as sessões em sua vida diária, e os resultados podem ser surpreendentes.

Ter Segurança

O coach eficaz é seguro em relação à metodologia e sabe que rumo dará ao trabalho. A segurança do coach transparece na forma como ele fala, em seus gestos, em sua expressão e, acima de tudo, na forma como lida com as questões do coachee. Geralmente, o coachee testa o equilíbrio pessoal, o conhecimento prático e a determinação do coach. Ele pode fazer isso consciente ou inconscientemente, mas uma coisa é certa: se o coach não corresponder ou não demonstrar segurança no que está fazendo, nesse momento ele pode perder o coachee.

Conhecer o Funcionamento das Organizações

Luiza é uma assistente social que atuava como uma consultora muito bem-sucedida na área de saúde. Ela nunca havia trabalhado em uma empresa, nem como consultora, nem como funcionária.

Descobriu o coaching e teve certeza de que poderia ser bem-sucedida nessa profissão, na medida em que já atuava em uma profissão de ajuda. A questão é que Luiza não conseguia entender as manobras da política organizacional, que em algumas empresas é feroz. Seu trabalho acabava baseando-se em teoria: no que era bom para o coachee e não no que era possível para ele realizar dentro do contexto organizacional. Isso criou um abismo entre ela e seus coachees, que acabaram se afastando um a um.

A maioria dos coachees trabalha e está envolvido nas relações hierárquicas e políticas de uma empresa. Mesmo que o foco do processo de coaching não seja sua atividade profissional, o coachee acaba trazendo para as sessões aspectos de sua vida no trabalho.

O desconhecimento de como as organizações funcionam, ainda que de modo geral, afasta o coach do coachee, na medida em que não há uma linguagem comum entre eles. O coachee pode se sentir incompreendido e não há nada mais desagradável para ele do que ter que explicar aspectos básicos do funcionamento de uma organização para seu coach. Acredite: o mais provável é que ele se canse e vá embora.

Ter Coragem

Um dos papéis do coach é tirar seu coachee de sua zona de conforto. O coach questiona comportamentos padronizados, a forma como o coachee percebe o mundo, como se dão seus relacionamentos, onde está focando sua atenção e o que está deixando de perceber à sua volta. O coach leva o coachee a analisar as crenças ineficazes que o estão impedindo ou o dificultando de atingir suas metas. Naturalmente, isso exige coragem por parte do coachee. De modo geral, mudanças são bem vistas, na medida em que estão intimamente ligadas ao conceito de evolução. Mas também, de modo geral, há um desejo inconsciente de que a mudança venha de fora: que as pessoas mudem, que a vida mude, que as condições externas mudem. O processo de coaching traz a responsabilidade de volta para o coachee, levando-o a compreender que ele é o real agente de transformação, e que, se ele não mudar, nada a seu redor mudará.

E quanto ao coach? O quanto ele está se mantendo em sua própria zona de conforto? Ele investe em si mesmo? Preocupa-se em desenvolver-se em uma base constante? Enfrenta seus próprios desafios com o mesmo nível de determinação que convida seus coachees a fazê-lo? Será que é uma troca justa pedir que o coachee faça algo que ele não está fazendo consigo mesmo?

Em resumo: pessoas acomodadas não são bons coaches. Como ele pode promover uma mudança consistente em outra pessoa se não consegue fazer isso consigo mesmo?

O coach mantém-se continuamente atualizado, não apenas sobre as novas metodologias do trabalho como também sobre o mundo em geral. Na medida em que também serve de exemplo de vida para seu coachee, tudo funciona melhor quando o exemplo é positivo.

Um coach obeso, com saúde precária, com problemas financeiros, familiares e desinformado sobre o que acontece no mundo tenderá a não se manter no mercado por muito tempo. Nesse caso, é melhor que ele procure um coach para resolver sua própria vida, antes de começar a trabalhar com os desafios de outras pessoas.

O Relacionamento entre o Coach e o Coachee

Ao procurar um coach, o coachee tomou a decisão de mudar um ou mais aspectos de seu comportamento e, como consequência, de sua vida. Algo pode estar incomodando, algo pode não estar funcionando bem ou pode haver um desejo de desenvolvimento pessoal. Entretanto, enquanto ainda se está na fase do sonho, o coachee transita em sua zona de conforto e ainda não "arregaçou as mangas" para transformar esse sonho em resultados concretos. Quando se começa a planejar e a tomar as ações necessárias para que o sonho se transforme em realidade, começam a surgir os desafios e o coachee se defronta com suas dificuldades. Namorar um sonho é fácil. Casar-se com ele e manter a relação viva e consistente é outra história.

Durante o processo de coaching, o coachee analisa seu comportamento e também entende as atitudes que o conduziram à atual situação insatisfatória. Nesse ponto, a atitude assumida pelo coach determina o rumo que o trabalho vai tomar. Seu papel é o de encorajar o coachee, ajudando-o a acreditar na possibilidade de concretização de seus desejos. Ao mesmo tempo, o coach analisa seu comportamento, sua eficácia e o processo, perguntando-se continuamente como o trabalho está se desenvolvendo.

Essa análise determina a qualidade geral do trabalho que o coach oferece e também o grau de satisfação com o que está fazendo. O coach é humano, e é fácil se perder, principalmente quando há muitos coachees e a carga de trabalho é grande. Pode faltar tempo para preparar bem todas as sessões e, em consequência, surgir a tentação de intervir pouco, deixando o coachee mais "solto". Cada sessão é um momento único e vai impulsionar ou não o trabalho. O processo de coaching é, por definição, relativamente rápido. Quanto menos se intervir, mais ele se prolongará e maior o risco de o coachee desistir de suas metas.

Se o coach está com uma clientela tão grande que não lhe permita trabalhar bem com todos os seus coachees, a solução é simples: passe alguns para outro profissional que será capaz de dar conta do recado.

Por parte do coachee, há disciplina e desejo necessários para atingir as metas. Por parte do coach, há uma postura ética, profissional e focada em relação ao coachee e ao trabalho que está realizando.

A Primeira Sessão

A primeira sessão é importante e pode ser decisiva para a continuação ou não do trabalho. Por mais que o coach tenha sido altamente recomendado, quando ele e o coachee se encontram é o "momento da verdade". O coachee está investindo tempo e dinheiro para realizar uma ou várias mudanças em sua vida, e suas expectativas geralmente são altas. Então, o que deve ser feito? Como o coach deve se comportar para ganhar a confiança do coachee? Antes de tudo, ouça-o e observe-o. Deixe-o falar livremente. Muitas vezes, o que ele diz pode parecer confuso ou fragmentado. Mas, de fato, ele está transmitindo informações importantes sobre quem é, o que sente, como pensa, como vê o mundo e sua vida.

O coach profissional sabe ouvir com tranquilidade, sem críticas e sem tentar colocar o coachee em uma forma preconcebida. O coachee não é "inseguro", ou "fraco", ou "indeciso". Ele é um ser humano rico, com vivências variadas que, naquele momento, está abrindo um mundo de possibilidades de trabalho e de transformação. Ele merece respeito na medida em que, junto com suas dificuldades, também aparecem inúmeros recursos pessoais positivos que o tornaram quem ele é hoje. Haverá tempo para tudo, inclusive para que o coach peça definições claras e respostas precisas. Mas esse é o momento de estar aberto, disponível e atento, sendo acolhedor e recebendo o coachee sem julgá-lo.

A capacidade de não julgar é uma característica útil para o coach. O coachee não tem defeitos, tem características. Algumas delas são muito úteis em determinados contextos e outras não tão úteis assim. No decorrer do trabalho, surgirão oportunidades para que o coachee reavalie essas características e decida se quer ou não transformá-las. Essa decisão está inteiramente nas mãos do coachee e não cabe ao coach conduzi-lo para onde *ele* acha que é melhor.

O que o coach fala na primeira sessão? A resposta é simples: o que o coachee precisa ouvir. Alguns precisam conhecer detalhadamente suas credenciais, formação e experiência para decidirem se podem ou não confiar. Outros querem apenas se sentir ouvidos e compreendidos. Mas saiba que, sem exceção, o que todos realmente querem ouvir são as três palavras mágicas: *Eu posso ajudar.*

Ana chegou à primeira sessão de coaching cheia de dúvidas. Percebia que poderia alcançar mais do que estava obtendo no momento. Embora conhecesse algumas de suas qualidades, não tinha clareza sobre quais eram, e como poderiam ser utilizadas em seu benefício. Ao falar de si mesma, contradizia-se frequentemente, ora focalizando suas qualidades, ora transformando-as em defeitos: "Sou determinada quando quero algo. Sou cabeça dura e tenho dificuldade em mudar de opinião". Ana acreditava que, na medida em que o coaching está diretamente ligado a atingir metas, ela deveria já ter a sua pronta e preparada para o trabalho. Criticava-se por não tê-la e acreditava que, por extensão, também estaria sendo criticada por seu coach.

Durante a sessão, pôde falar livremente sobre sua vida e sobre suas questões. Ao perceber que suas palavras eram recebidas com atenção, respeito e sem julgamento, começou a se soltar e a sentir confiante para falar de suas dúvidas. Compreendeu que poderia receber ajuda mesmo sem ter um plano perfeitamente organizado, e que seu trabalho poderia desenvolver-se segundo seu ritmo e até mesmo levando em conta suas contradições.

Ana sentiu-se acolhida e valorizada e engajou-se integralmente no processo.

A Confiança

Na primeira sessão, também se estabelece a confiança entre coachee e coach. O trabalho realmente produtivo é aquele em que o coachee acredita que o coach é alguém que possui a capacidade e o conhecimento necessários para apoiá-lo em seu desenvolvimento. Por sua vez, o coach demonstra absoluta confiança no coachee e em sua capacidade de atingir metas. Não há espaço para dúvidas. Se o coachee acredita que pode transformar seu sonho em realidade, o coach confia nisso. Shakespeare afirmou "*nossas dúvidas são traiçoeiras e nos fazem perder o bem que frequentemente poderíamos ganhar por tentar*". Portanto, não deixe que suas dúvidas sobre o coachee o atrapalhem de ir atrás de seus sonhos.

Nada é pior do que enfrentar desafios e ter a pessoa que supostamente o estaria apoiando com dúvidas a respeito de seu desempenho ou do resultado de suas ações. É claro que se o coachee definir uma meta concretamente inatingível, cabe ao coach, com delicadeza, fazer perguntas que o levem a refletir se sua meta é realmente alcançável. Afinal, definir metas impossíveis de serem atingidas é uma excelente forma de fugir do processo.

A Ética

Além da ética traduzida em termos de respeito pela confidencialidade no relacionamento coach/coachee, há a questão da ética pessoal do coach. Como agir se o coachee definir como meta de trabalho algo que fere sua ética?

Francisco é um gerente de nível médio em uma multinacional do ramo editorial. É um jovem economista ambicioso que tem grandes planos para seu futuro: quer tornar-se diretor financeiro em um período de cinco anos. Essa era sua meta.

A empresa, embora multinacional, é de médio porte, e as possibilidades de promoção são restritas. O primeiro passo em sua escalada profissional seria chegar a gerente sênior, cargo logo acima do seu. Entretanto o profissional que ocupa esse cargo também é jovem e estava apresentando um excelente desempenho.

Frente a esse panorama sua decisão foi: "Vou sabotar o trabalho do gerente sênior. Tenho os meios para fazer isso e posso dar um empurrão para que ele seja demitido".

Francisco queria montar uma estratégia, junto a seu coach, para que isso acontecesse.

Como o coach deve agir nessa situação?

Embora os valores e as crenças do coachee devam ser respeitados, isso não significa que o coach deve passar por cima de suas próprias crenças e valores para ajudar seu coachee a atingir seus objetivos.

Caso o coachee decida assumir um curso de ação que fira a ética do coach, aceitar fazer o que ele quer pode trazer problemas de consciência e gerar conflitos internos que irão refletir-se diretamente na qualidade do trabalho. Isso significa abandonar o coachee? Não necessariamente. Há muitas formas de se chegar a um objetivo, e cabe ao coach explorar, junto com o coachee, as várias possibilidades disponíveis para atingi-lo. É possível encontrar um caminho que leve o coachee à sua meta e que não seja antiético para o coach. Isso enriquecerá o trabalho, aumentará a flexibilidade do coachee e lhe dará oportunidade de alargar sua visão de mundo, na medida em que experimenta novos caminhos e alternativas.

Entretanto, se o coachee persistir em seguir um caminho que seja desconfortável para o coach, é melhor desistir. Provavelmente, o trabalho se transformará em um fardo para o coach e essa não é a forma eficaz de conduzir o processo.

A Definição de Papéis

Durante o processo de coaching, os papéis e as responsabilidades tanto do coach como do coachee são definidos logo no início do trabalho. Na medida em que está contratando um profissional especializado em facilitar o caminho das pessoas em atingir suas metas, o coachee pode fantasiar que sua participação no processo pode ser muito pequena. Como decorrência, pode assumir a atitude: "Esses são meus desafios. Você é experiente, portanto, me diga o que fazer, o que preciso mudar e me dê a receita completa, com todos os passos, para obter o que desejo".

O papel do coachee no processo precisa estar claro. É ele quem decide o caminho a ser tomado. É ele quem empreende as ações necessárias para a concretização de suas metas. E é ele quem assume a responsabilidade pelo resultado de suas ações, lidando com suas consequências. A função do coach é ajudá-lo, fazendo perguntas inteligentes, provocativas e que o levem a pensar sobre como age, e sobre seus padrões de comportamento. O coach pergunta, o coachee descobre. O coach aponta novos ângulos, o coachee define seu caminho. O coach apoia e está do lado do coachee, ele anda com suas próprias pernas.

A Confidencialidade

A confidencialidade é elemento-chave do processo de coaching. Para que o trabalho evolua, o coachee precisa confiar que o é discutido durante as sessões ficará apenas entre ele e seu coach, e que ninguém mais terá acesso a isso.

Essa regra é especialmente importante no coaching empresarial, em que a área de Recursos Humanos contrata os serviços que serão oferecidos ao coachee. O máximo que o coach pode fornecer à empresa são informações sobre o andamento do processo como um todo, sem revelar o conteúdo das sessões. A confiança, uma vez perdida, não é recuperada. Portanto, isso precisa estar claro para todos os envolvidos antes do início do processo.

Luiz Otávio foi contratado pela área de Recursos Humanos de uma empresa de médio porte para fazer coaching em um diretor que estava com dificuldades em se adaptar às mudanças que a organização vinha implementando.

O primeiro desafio de Luiz Otávio foi ganhar a confiança do diretor. Afinal, não havia sido ele a solicitar o trabalho. Uma vez que a confiança foi ganha, o processo começou a correr muito bem.

Entretanto, Luiz Otávio era constantemente "sabatinado" pela área de Recursos Humanos, que queria saber sobre o andamento do trabalho, e também o que estava sendo discutido nas sessões, sob o pretexto de terem certeza de que o trabalho estava acontecendo conforme o esperado.

Cabem aqui algumas observações.

Na maioria dos casos em que o coaching foi solicitado pela empresa, a primeira etapa do trabalho consiste em ganhar a confiança do coachee. Ele pode estará desconfiado e reativo e essa é a oportunidade para o coach demonstrar que pode haver ganhos pessoais se ele se submeter ao trabalho.

Além disso, é necessário transformar a meta da empresa em uma meta do coachee: algo que faça sentido para ele, que o estimule a trabalhar e a se envolver no processo. O que vai determinar o sucesso do trabalho não é o que a empresa quer para ele, mas sim o que o coachee quer para ele.

E mais: habilidade diplomática anda de braços dados com o coach. Por mais que ele seja pressionado a revelar o conteúdo das sessões, ele não pode fazer isso. Isso torna-se mais fácil quando esse limite é definido no momento da contratação do trabalho. O fato é que, se o coach revelar o conteúdo das sessões e o coachee ficar sabendo a confiança se quebra, e o processo termina.

A Disponibilidade

O coach deve ficar disponível para o coachee o tempo todo? No contato inicial, é estabelecida a periodicidade dos encontros: semanais ou quinzenais. O coach deve estar disponível para o coachee para atendê-lo e ajudá-lo no intervalo entre as sessões, por telefone ou por e-mail. Afinal, acontecimentos importantes não têm data certa para acontecer. Entretanto, é necessário agir com bom senso e equilíbrio. Se o coach estiver disponível *demais*, pode-se criar uma relação de dependência em que o coachee passa a buscar a opinião do coach antes de tomar qualquer decisão importante. Junto com o alcance da meta, há também os benefícios de amadurecimento, aquisição de confiança pessoal e independência. Portanto o coachee deve ser encorajado a tomar suas próprias decisões. Afinal, o coach não estará a seu lado para sempre.

Levantamento de Informações

Junto com o levantamento das características de personalidade do coachee (ver Capítulo 6), deve-se montar um questionário simples, que tem como objetivo adquirir um panorama da vida do coachee: seus hábitos, sua forma de pensar, de solucionar problemas, além de obter informações sobre acontecimentos marcantes em sua vida. Ao mesmo tempo, é importante analisar, de forma imparcial, o que trouxe o coachee para o trabalho. Isso vai determinar se ele está preparado para iniciar o processo. Querer fazer coaching não significa que se está pronto para isso. No Apêndice, há formulários para o coach utilizar a fim de analisar a situação do coachee: um para ser respondido pelo coachee e outro, pelo coach. Caso não seja no momento propício, isso deve ser dito de forma clara e objetiva. Essa atitude evita perda de tempo, uma vez que o processo exige do coach e do coachee empenho, dedicação e real desejo de mudar.

O "Dever de Casa"

Um outro aspecto importante do trabalho é o "Dever de Casa". São tarefas que o coachee deve realizar entre as sessões. O coach é suficientemente criativo para dar tarefas que sejam moderadamente desafiadoras e altamente motivadoras. O coach usa sua criatividade, evitando ater-se apenas ao convencional. Quanto mais lúdica for a tarefa, maior será o desejo de realizá-la, o que aumenta exponencialmente o aprendizado. O "Dever de Casa" é combinado com o coachee no final de cada sessão e é importante obter o compromisso do coachee de realizá-lo.

Feito isso, a regra é simples: caso o coachee não tenha completado a tarefa porque "não teve tempo", "passou a semana toda em reuniões", "viajou a semana inteira", "teve que entregar um projeto importantíssimo" etc. o coach é implacável: solicita que o coachee faça o trabalho durante a próxima sessão. O "Dever de Casa" dá a dinâmica do processo e ajuda o coachee a caminhar mesmo sem a presença do coach.

Permitir que o coachee não faça o dever de casa tira a sua importância e a credibilidade.

As Anotações

O coach é um ser humano, e não um computador. Ou seja, é impossível que ele consiga guardar de cabeça todos os detalhes da vida do coachees e do que está sendo trabalhado. Isso é especialmente verdade quando o número de coachees é grande.

Quando o coach está diante do coachee, ele sabe o nome do marido ou da esposa, do(a) namorado(a), do chefe, dos colegas de trabalho, dos amigos, dos filhos de todas as pessoas que fazem parte de sua vida e que são relevantes para o trabalho. Sabe o que está acontecendo com ele, sabe quais são os desafios que está enfrentando no momento, sabe qual foi o dever de casa, que será discutido na sessão seguinte. Não há como conseguir isso sem tomar notas.

O ideal é anotar o que aconteceu na sessão no mesmo dia. A forma de fazer isso varia de profissional para profissional. Alguns anotam de forma telegráfica os pontos mais relevantes. Outros preferem escrever relatos detalhados sobre tudo o que aconteceu.

Também durante a sessão, o coach pode tomar notas dos pontos que considera importantes e dos quais não se pode esquecer. Mas cuidado: o centro da atenção é o coachee, não o papel. O importante é ele, não suas notas. Um coach que passa a maior parte da sessão escrevendo não estabelece empatia com o coachee.

De qualquer modo, o fundamental é que ele não passe pelo vexame, por exemplo, de trocar o nome do marido com o nome do chefe que a coachee detesta.

As Anotações do Coachee

O ato de anotar percepções, mudanças observadas e eventuais dificuldades, assim como *insights* sobre o trabalho podem ser de grande utilidade para o desenvolvimento do processo de coaching. O coach pode, inclusive, dar um belo caderno de presente para o coachee, como forma de incentivo.

O Planejamento e a Avaliação das Sessões

Cada sessão é planejada. Coaching e excesso de improvisação são conceitos que não casam muito bem. Naturalmente, como já foi mencionado antes, é impossível prever tudo o que acontecerá durante a sessão e o coach tem flexibilidade para lidar com situações inesperadas – que fatalmente irão acontecer.

O planejamento fornece a bússola para que o coach não perca a objetividade. Principalmente porque, à medida que o trabalho evolui e a relação de confiança aumenta, há uma tendência, por parte do coachee, de trazer para as sessões tudo o que aconteceu de relevante em sua vida nos últimos dias. O coach não perde de vista que sua função é ajudar o coachee a atingir suas metas. Ele é um facilitador, não um confessor. Em função disso, cabe a ele manter o rumo das sessões, preservando o foco do trabalho. Falta de planejamento pode gerar "sessões perdidas", em que o coachee fala muito e trabalha pouco.

É natural que, em alguns momentos, o coachee precise falar para "aliviar a pressão" gerada pelas mudanças que está promovendo. Mas o tempo para que isso aconteça deve ser cuidadosamente controlado.

Após o término da sessão, o coach faz uma avaliação em termos de resultado, de seu comportamento como catalisador de mudanças e do coachee, em termos de motivação e produtividade. A pergunta básica é: nessa sessão, o quanto o coachee caminhou na direção de suas metas? No Apêndice, há um modelo de avaliação a ser respondido pelo coach.

O Contrato de Coaching

Alguns coaches preferem fazer um contrato formal, por escrito, especificando o trabalho a ser realizado, o que cabe ao coach fazer, o que cabe ao coachee fazer, o tempo de duração de cada sessão, seu valor estipulado para cada sessão e a forma de cobrança: antecipado, por sessão etc.

Contudo, o que gera um vínculo real entre coachee e coach é o contrato psicológico. Aquele que leva o coachee a comprometer-se com o investimento em si mesmo. O contrato pode ou não ser formalizado em papel. Mas o que faz a diferença é o fato de o coachee e o coach estarem de acordo sobre como o trabalho será desenvolvido para que o coachee atinja o sucesso que se traduz na concretização de suas metas.

Pessoalmente, por Teleconferência, Videoconferência ou por E-mail?

O contato direto e o pessoal do coach com o coachee aceleram o processo de trabalho. Na sessão presencial, o coach tem oportunidade não apenas de ouvir o coachee, como também de perceber sua linguagem não verbal: a forma como fala, como gesticula, como olha, como está sentado etc., que pode ser mais reveladora que o conteúdo que está sendo discutido. O contato direto como coachee permite maior interação entre ambos e facilita o trabalho do coach.

Entretanto, nem sempre isso é possível o tempo todo e é melhor fazer sessões telefônicas com seu coachee que perder contato com ele por longos períodos. Contudo, mesmo que a maior parte das sessões seja feita por telefone, ainda assim os primeiros contatos devem ser presenciais, para que se estabeleça um clima de confiança entre ambos. No caso das sessões por telefone, é desejável estabelecer uma hora determinada, com início e fim. A ligação é feita pelo coachee. O trabalho funciona melhor se ambos estiverem em um local silencioso e protegido de interrupções.

Nesse caso, o único instrumento que o coach tem para trabalhar é a voz do coachee e aquilo que ele está relatando. A atenção do coach é importante para perceber nuances de voz, entonações, gaguejos, pausas e quaisquer outros elementos que indiquem não apenas o estado emocional do coachee, mas também como ele está reagindo às suas palavras.

O uso de videoconferência – via empresa, Skype, Google ou algo semelhante – elimina a falta de visualização. Logo, quando a qualidade da transmissão é boa, sessões em videoconferência são excelentes opções.

O coaching por e-mail não é um recurso adequado para o processo. Nem todas as pessoas sabem redigir bem e podem ocorrer grandes erros de interpretação. Portanto, deve ser evitado.

Como Apoiar e Manter seus Coachees

Existe um conjunto de boas práticas que facilitam o andamento e a manutenção de um processo de coaching. Para o coach, essas práticas garantem a manutenção de um bom relacionamento com seu coachee:

- *Lembre-se de seu aniversário. Telefone ou mande um e-mail simpático.*
  Da mesma forma que o coach é importante para o coachee – afinal ele é o guia em sua transformação pessoal –, o coachee também é importante para o coach. Deixar que sua data de aniversário passe em branco é sinal de descortesia e falta de atenção. A regra também vale para datas importantes como Ano Novo e feriados religiosos.

- *Incentive-o quando ele atingir um objetivo importante, ou mudar consistentemente um comportamento. Expresse sua alegria por ele ter dado um passo consistente para seu sucesso.*
  De modo geral, o ser humano é movido a elogios. O elogio dá reforço positivo e energiza o coachee a caminhar com mais determinação para seus objetivos.

- *Não esconda nada de seu coachee. Ele deve saber o que está acontecendo com ele. Há maneiras delicadas de abordar assuntos difíceis e cabe ao coach saber fazer isso.*
  Isso está diretamente ligado à confiança do relacionamento coach e coachee. Se ele perceber que seu coach está escondendo algo, ele pode começar a desconfiar de tudo o que lhe está sendo dito. Ele é perfeitamente capaz de lidar com todos os fatos relacionados à sua vida.

- *Diga claramente a seu coachee o que você espera dele.*
  O coachee não tem como adivinhar o que se passa na cabeça do coach. Ao falar claramente o que espera do coachee, o coach lhe dará a oportunidade de ouvir o coachee e de saber o que pode ou não fazer.

- *Pergunte a seu coachee o que ele espera de você.*
  Permitir que o coachee fale abertamente sobre as expectativas dele em relação ao coach eliminará as fantasias que ele pode ter quanto à capacidade de o coach solucionar os problemas dele.

- *Não prometa o que não pode fazer.*
  Prometer algo impossível para o coachee é a forma mais rápida de gerar insatisfação e desmotivação quando o prometido não acontecer. O coachee tem limites e o coach também. Isso deve ser respeitado.

- *Não aceite que ele prometa algo que não pode fazer.*
  Aqui, aplica-se a mesma regra mencionada acima. Isso não ajuda o coachee. Ao contrário, afasta-o de seus objetivos.

- *Cobre os deveres de casa com educação e firmeza.*
  Se o dever de casa não é "para valer", melhor não fazê-lo.

- *Mande e-mails de incentivo caso ele esteja passando por um momento difícil.*
  Receber um e-mail de incentivo em momentos críticos da vida leva o coachee a perceber que não está enfrentando seus problemas sozinho. Uma mensagem simples pode ser o suficiente para lhe transmitir segurança para seguir em frente.

- *Durante a sessão, esteja completamente disponível para ouvi-lo. Se você não está bem, é melhor desmarcar.*
  O processo de coaching é sutil e uma única frase dita pelo coachee pode fornecer mais informações que meia hora de conversa. Mas para que essa percepção aconteça, o coach precisa estar centrado para ouvir o coachee. Pessoas distraídas não são bons coaches.

- *Não permita que ele reclame da vida. Encoraje-o a agir proativamente para mudar a situação.*
  Coaching não é muro das lamentações. Se ele quer apenas se queixar, pode fazer isso com um amigo, e de graça. Queixas atraem sentimentos negativos que impedem a ação.

- *Trate seu coachee como adulto. O paternalismo não vai resolver o problema.*
  O coach não confunde fragilidade com infantilidade. O coachee pode estar passando por um momento difícil, em que se sinta fragilizado. Mas isso não significa que ele não tem recursos internos para dar "a volta por cima".

- Caso você se depare com algum texto ou livro que perceba que é útil para seu coachee, mande para ele, ou incentive-o a comprá-lo.

- *Deixe claro o quanto ele é importante para você.*
  Ao se sentir valorizado pelo coach, a autoestima do coachee tende a crescer. Além do mais, se o coachee não for importante para o coach, não há motivo para ambos estarem trabalhando juntos.

- *Não fale de outros coachees para ele e nem faça comparações. Não quebre a confiança que ele deposita em você comentando sobre suas questões com outras pessoas.*
  Comparações não apenas não ajudam o coachee a crescer como ainda podem fazer com que ele se sinta diminuído. Da mesma forma, falar de outros coachees pode levá-lo a perder a confiança em você.

- *Foque o trabalho em ações, planos e metas. Não confunda coaching com terapia e não permita que ele faça isso.*
  Coaching realmente não é terapia. Qualquer percepção por parte do coachee é imediatamente transformada em ação. Falar apenas não leva o coachee em direção às suas metas.

- *Recuse-se a responder à pergunta: "O que você acha que eu devo fazer nessa situação?". Devolva-lhe a bola e pergunte: "O que você acha que deve fazer nessa situação?".*
  Essa atitude elimina qualquer possibilidade de dependência emocional do coachee em relação a seu coach.

- *Não permita que o coachee transforme seu coach em um aprovador ou desaprovador de suas atitudes e comportamentos. Ele sabe o que é melhor para ele. Incentive-o a descobrir isso.*
  O coach não é um juiz dos atos do coachee. Um dos objetivos do trabalho é dar independência para o coachee a fim de que ele possa resolver suas questões sozinho no futuro. O coach não estará para sempre a seu lado para ajudá-lo a discernir o que é melhor para ele. Portanto, o quanto antes ele começar a fazer isso, melhor.

Os Dez Pecados Capitais de um Coach

Há abordagens e práticas de coaching que têm impacto altamente prejudicial. Eis alguns pecados sempre evitados pelo coach eficaz:

1. Não ouvir o coachee.

   Isso significa não procurar entender o que está se passando com ele. Quais são realmente seus desafios.

2. Não ser pontual.

   O horário destinado ao trabalho de coaching é sagrado tanto para o coachee quanto para o coach. Chegar atrasado ou esquecer a data das sessões faz com que o coach perca sua credibilidade.

3. Aconselhar o coachee.

   Coaching não é aconselhamento. Só o coachee sabe o que é melhor para ele. O coach precisa ter em mente que as soluções que acredita serem as melhores podem não ser para o coachee.

4. Tornar-se amigo do coachee.

   A relação coach/coachee tende a ser estreita, na medida em que ambos trabalham juntos, em um clima de cooperação para atingir um objetivo. Mas ser solidário e incentivador não é sinônimo de ser amigo. Tornar-se amigo do coachee pode fazer com que o coach perca de vista o objetivo maior do trabalho.

5. Forçar tomadas de decisão.

   O coach pode saber o que precisa ser feito. O coachee pode saber o que precisa ser feito. Mas o coachee tem seu ritmo. Decisões apressadas podem gerar retrocesso no trabalho, na medida em que o coachee não será capaz de sustentá-la.

6. Não dominar a metodologia do coaching.

   Ser um coach profissional significa estudar, aperfeiçoar-se e trabalhar dentro de uma metodologia específica. Saber dar bons palpites na vida dos outros não transforma ninguém em um bom coach.

7. Mentir para seu coachee.

   O coachee gosta de ouvir que está fazendo progressos, que está mudando seu comportamento e se encaminhando a passos largos para sua meta. Quando isso realmente está acontecendo, o coach estimula o coachee, reforçando positivamente seus atos. Mas se isso não está acontecendo, não cabe ao coach mentir para que o coachee não se sinta desmotivado. Isso não ajuda o coachee nem o ajuda a atingir suas metas.

8. Demorar para retornar as ligações do coachee.

   Na medida em que o coach se coloca disponível para o coachee, se ele ligar é porque, provavelmente, algo aconteceu e ele precisa de uma orientação, ou apenas uma troca de ideias. Telefonemas e e-mails devem ser respondidos no mesmo dia, caso contrário, ele poderá sentir-se abandonado pelo coach. Se o coach estiver viajando, avise o coachee. Contudo, se ele ligar demais, pode estar se configurando uma relação de dependência, e isso deve ser discutido na primeira oportunidade que tiverem juntos.

9. Criticar o coachee.

   Cabe ao coach questionar, fazer observações e apontar situações, mas não se pode fazer isso em tom que pode ser percebido como crítica. O coach é um facilitador e motivador, portanto cabe a ele utilizar o *feedback* positivo, do estímulo e do elogio. Quando cabível, apontar um "ponto a melhorar", de maneira sutil.

10. Contar casos pessoais para exemplificar situações.

    Casos ou exemplos podem ser úteis no processo de coaching. No entanto, o coach eficaz prefere casos de domínio público ou outros liberados pelas pessoas que os viveram para serem compartilhados. Isso preserva a postura profissional do coach.

Resumo

Um coach competente não apenas possui o domínio da metodologia para lidar com seus coachees como também tem profundo respeito por eles e por suas questões. A ética e a segurança no que está realizando são fatores importantes em seu trabalho.

O coach tem o objetivo de auxiliar seus coachees a atingirem suas metas e não perde o foco mesmo diante das situações imprevistas que podem surgir no caminho.

Suas características principais: gostar genuinamente de se relacionar com pessoas, ser paciente para entender os desafios do coachee e dar-lhes o tempo necessário para evoluir, ser flexível, uma vez que o trabalho exige mudanças de rumo e de planejamento, ter segurança em si mesmo e naquilo que faz, conhecer o funcionamento das organizações, para que possa entender os desafios do coachee e ter coragem, não apenas para tirar o coachee da zona de conforto dele como também para não permanecer na sua.

5
O que o RH Precisa Saber sobre o Processo de Coaching?

As áreas de Recursos Humanos, geralmente, são as responsáveis por escolher e contratar um coach para um ou mais executivos da empresa. Diante de tantas ofertas de mercado, como escolher o profissional que terá condições de fornecer os resultados esperados? O que vale mais: tempo de experiência? Formação? Ter prestado serviços para grandes e pequenas empresas? Tudo isso junto?

A resposta é simples. Alguns pontos, quando observados, dão ao RH segurança no momento de escolher o profissional que atenderá às exigências da organização.

Como Escolher e Contratar um Coach?

Há uma história famosa, de autor anônimo, que fala sobre um estaleiro que construiu um enorme navio, cuja caldeira não funcionava. A empresa contratou muitos especialistas que olharam, examinaram, tentaram, mas não conseguiram resolver o problema. A cada dia que passava, milhares de reais eram perdidos. Após muitas tentativas fracassadas, o dono do estaleiro ouviu falar de um técnico capaz de resolver qualquer problema em caldeiras, por mais complexos que fossem.

O técnico foi chamado, e chegou com sua maleta de ferramentas. Examinou a caldeira sob vários ângulos e disse que sabia como resolver o problema. O empresário ficou felicíssimo e autorizou a realização do trabalho. O mecânico abriu sua maleta, tirou um pequeno martelo, e deu uma leve martelada em um ponto específico da caldeira. E ela começou imediatamente a funcionar!

Feito isso, o técnico apresentou sua conta: R$ 10.000,00. O dono do estaleiro, perplexo, perguntou-lhe: "Você está me cobrando R$ 10.000,00 por uma martelada?". E o técnico, calmamente, respondeu: "Na verdade, não. A martelada custa R$ 1,00. Os outros R$ 9.999,00 você me paga porque só eu sei onde bater".

Essa história não apenas fala da importância de o coach ser competente naquilo que faz, como também de uma regra simples de mercado: bons coaches não custam barato. Se o coach não se valoriza, ele não saberá valorizar seu trabalho, e consequentemente não investirá profissionalmente em si mesmo.

Algumas Regras de Bom-senso

- Ter em mente o que realmente se deseja como resultado final do trabalho do coach. Cabe ao RH analisar quais são os profissionais que merecem esse investimento. Qual é a estratégia da empresa em relação ao profissional que participa do processo? Quais são as expectativas tanto do RH quanto do coachee? Como o resultado do processo irá impactar os objetivos estratégicos da empresa? Qual é o critério de escolha dos executivos que farão parte do processo?
- Procurar referências. Há muitas pessoas desempregadas e bem-intencionadas que, ao perceberem que esse é um segmento de mercado "quente", transformam-se em coaches literalmente da noite para o dia. A questão é: elas estão realmente preparadas para desempenhar bem essa função? Conhecem a metodologia para realizar um trabalho eficaz? Uma das formas de obter referências sobre o coach é falar com coachees ou ex-coachees para saber o quanto o trabalho foi eficaz. Entre em contato com o RH de empresas que já contrataram coaches e saiba o que aconteceu. Procure ler artigos em revistas ou internet escritos por coaches e observe se eles têm um estilo interessante e se o que dizem é consistente e, de preferência, original.
- Fazer uma entrevista pessoal com o coach. O RH deve ouvi-lo com a mente aberta e com o coração presente. Ele é apaixonado pelo que faz? Sabe estabelecer empatia com seu interlocutor com facilidade? Transmite segurança? Transmite confiança?
- Analisar a formação do coach. Qual é sua formação (cursos, leitura de livros etc.)? Há quanto tempo atua no mercado? Para quais empresas já trabalhou? Esse crivo analítico, junto com o emocional, vai ajudar o RH a encontrar o profissional adequado às suas necessidades.

Finalmente, deve-se evitar contratar empresas que não alocam um coach fixo para cada coachee. O processo é baseado em empatia e confiança que se estabelece entre o coach e o coachee. Se, a cada sessão, o coachee tiver que lidar com uma pessoa diferente, não há como estabelecer vínculos e o resultado fica comprometido. O processo torna-se impessoal e isso é o contrário do que se quer em um trabalho de coaching.

Como Avaliar o Processo e Acompanhar o Trabalho?

Quando um colaborador ou executivo passa por um processo de coaching, ele naturalmente começa a fazer questionamentos: sobre sua vida, sobre sua carreira, sobre seu papel na organização, sobre os rumos que a empresa irá tomar e sobre os planos que a empresa tem para ele, entre outras coisas. Nesse momento, cabe à empresa estar preparada para responder a essas questões, caso contrário o RH poderá ter que lidar com um funcionário desmotivado e não alguém que pode, e vai contribuir ativamente para o crescimento da empresa, de sua área ou de sua função. O RH pode aproveitar os *insights* do coachee recebendo-os como informação útil para o desenvolvimento e da empresa.

Como já falado no capítulo anterior, caso o coach esteja agindo de forma ética, o RH não tem acesso ao *conteúdo* do que está sendo trabalhado pelo coachee e seu coach. O coach é parceiro da área de Recursos Humanos, mas não é seu cúmplice. Entretanto, isso não impede que seja feito um acompanhamento do que está acontecendo nas sessões.

A área de Recursos Humanos pode solicitar reuniões periódicas com o coach, após três ou quatro sessões com o coachee, e perguntar especificamente como o processo está caminhando. Há algumas questões que não comprometem nem a ética nem a confidencialidade do processo:

- O coachee já definiu sua meta?
- *A meta definida pelo coachee é realista e está ligada estrategicamente à empresa?*
- *Ele está comprometido com ela?*
- *Está receptivo ou resistente ao processo?*
- *O coach está percebendo progressos concretos por parte do coachee?*
- *O coach está percebendo mudanças concretas nas atitudes e comportamentos do coachee?*
- *O coachee cumpre datas e horários das sessões?*
- *O coachee faz o que é solicitado pelo coach?*
- *O coachee está engajado em seu processo de mudança?*
- *Ele demonstra querer continuar com o trabalho?*

A resposta a essas perguntas dá ao RH um parâmetro preciso sobre como o processo está se desenrolando. Coaches experientes tendem a adiantar-se e a fornecer essas informações espontaneamente. Caso ele não o faça, o RH deve perguntar. Afinal, como qualquer outro investimento, é necessário conhecer o retorno que ele dá.

Coaching não é Punição

Em algumas empresas, o processo de coaching, em vez de ser visto como uma ferramenta para o desenvolvimento do colaborador ou executivo, é rotulado como uma forma de "consertar" pessoas com problemas graves de relacionamento, comportamento ou performance.

Algumas vezes, a área de Recursos Humanos procura um coach como o último recurso antes da demissão. E o que é pior: isso é dito para o funcionário! Tal atitude gera bloqueio em relação ao trabalho e forte resistência por parte do coachee.

Cabe ao RH pesar o efeito que isso causa no funcionário e em seu desempenho. É um "tiro" em sua autoestima e o resultado; geralmente, é o oposto do que se deseja alcançar. Não podemos esquecer a "rádio corredor", onde todos comentam o que está acontecendo na empresa, muitas vezes de forma exagerada e distorcida. E, de uma hora para outra, o funcionário passa a ser visto como uma pessoa que está com problemas, ou que não está se adaptando bem à empresa.

Há também empresas que estão passando por processos de mudança de cultura e contratam coaches para dar um "jeito" em "gerentes resistentes, que se recusam a aceitar as novas regras de trabalho". Novamente, há resistência, e o coachee pode pensar: "Mas eu fui eficaz nessa empresa durante tantos anos, por que agora não sirvo mais?". Tais atitudes dificultam o trabalho e comprometem os resultados.

O coach pode ser um importante catalisador de mudanças organizacionais, auxiliando a mudança de cultura e criando novas opções de comportamento para seus líderes e subordinados. Entretanto, para que isso aconteça, é imprescindível que o processo seja visto como algo positivo e que agrega recursos ao panorama da organização.

O coaching não é adequado a funcionários "terminais". A responsabilidade de lidar com essa situação é da empresa, não do coach. Ao contrário, ele deve ser oferecido a executivos ou a funcionários que estão se desenvolvendo profissionalmente, que estão com bom nível de performance e que são considerados talentos. O coaching é uma ferramenta de desenvolvimento. E isso deve estar claro para todos.

Como também deve estar claro que o papel do coach não é transformar o coachee no que a empresa deseja, e sim *no que o coachee deseja*.

Um coach experiente será capaz de lidar com essa situação, transformando a meta da empresa na meta do coachee. O processo é um pouco mais demorado, mas, ainda assim, é possível obter bons resultados.

A forma de neutralizar esse tipo de pensamento passa pela comunicação organizacional. É responsabilidade da área de Recursos Humanos transmitir uma mensagem clara de que coaching é desenvolvimento, é um investimento importante para o funcionário. E, acima de tudo, o RH deve acreditar realmente nisso. Qualquer vendedor sabe que não é possível "vender" uma ideia com a qual não concorda.

O Número de Sessões

Uma pergunta frequente que o RH faz ao coach é: qual é o número de sessões necessário para o desenvolvimento do trabalho? Essa não é uma resposta fácil de responder. Existem muitas variáveis no processo: a complexidade da meta definida pelo coachee, seu nível de envolvimento com o trabalho, sua energia pessoal e, acima de tudo, seu real desejo de promover uma mudança em seu comportamento ou em sua atitude.

Esses fatores em conjunto podem acelerar ou prolongar o trabalho. O papel do coach é convidar o coachee a explorar novos territórios, entretanto ele precisa ter o *feeling* sobre a quantidade de informação que o coachee pode absorver em cada sessão e qual é sua velocidade de mudança.

Casos mais complexos requerem um prazo maior para o trabalho. Se, por exemplo, o coachee for rígido em seu pensamento, o RH deve estar ciente de que, antes de começar a trabalhar na meta, o coach precisará investir no aumento de sua flexibilidade.

De qualquer modo, é possível contratar um número de sessões predeterminado. O habitual é contratar dez sessões inicialmente. Na sequência, cabe ao RH acompanhar o processo e ao coach sinalizar a quantidade de sessões necessária a fim de atingir a meta proposta pelo coachee.

Periodicidade das Sessões

Como o processo de coaching pressupõe a existência de um "dever de casa", mencionado no capítulo anterior, e como a carga de trabalho dos executivos está cada vez maior, as sessões geralmente são marcadas a cada 15 dias, para que haja tempo suficiente para elaborar o que foi trabalhado. Contudo, há exceções. Caso o coachee esteja debruçado sobre um assunto que o mobilize, as sessões podem ser semanais. Não é recomendável ultrapassar o intervalo de 15 dias, sob pena de o processo perder a dinâmica. Caso seja impossível manter o intervalo quinzenal, o coach pode, ao menos, conversar com o coachee por telefone a fim de manter o andamento do trabalho.

Regras de Cancelamento

Embora haja variação de um coach para outro, a regra geral é que qualquer cancelamento realizado com menos de 24 horas antes da sessão implica o pagamento integral. Alguns coaches trabalham com a contrapartida: caso ele cancele a sessão com menos de 24 horas de antecedência, o coachee tem direito a uma sessão gratuita.

Relatório Final

Ao final do trabalho, a área de Recursos Humanos pode solicitar ao coach um relatório sucinto que indique: o assunto trabalhado durante as sessões, naturalmente sem apresentar o seu conteúdo; os progressos do coachee, além de comentários que o coach perceba sobre o funcionamento da empresa e que podem agregar valor ao contratante.

Um Contrato?

No mundo dos negócios, as transações comerciais são regidas por contratos entre as partes, e o mesmo pode-se aplicar ao processo de coaching. A área de Recursos Humanos pode fazer um contrato simples que especifique, além do nome da empresa e do coach:

- O valor de cada sessão.
- A quantidade inicial de sessões contratadas.
- A periodicidade das sessões.
- As regras de cancelamento.
- O relatório final.

A Administração das Expectativas: o Coach só Responde por 50% do Processo

Da mesma forma que o coachee pode querer que seu coach resolva seus desafios, como mencionado no capítulo anterior, a área de Recursos Humanos também pode ter a expectativa de que contratar um coach significa passar o "problema" adiante e não se preocupar mais com ele. Isso não corresponde à realidade. Em um processo de coaching, 40% da responsabilidade pelo sucesso do trabalho são do coach, mas os outros 60% pertencem ao coachee. Por melhor e mais preparado que seja o coach, ele não conseguirá obter progressos se seu coachee for resistente e não quiser promover mudanças em seu comportamento ou em suas crenças. Isso ocorre com mais frequência quando o coaching foi imposto ao coachee, como mencionado.

Nesses casos, o melhor a fazer é interromper o trabalho, uma vez que dificilmente ele chegará a algum lugar.

E se Surgirem Novas Metas Durante o Processo?

Já que o processo de coaching é sistêmico, quando o coachee começa a trabalhar em um objetivo, ele acaba por revisitar sua vida como um todo. Em função dessa característica, o coachee pode "esbarrar" em outro desafio que também gostaria de trabalhar, e que pode até mesmo ser mais importante que o inicial. Nesses casos, o coach para o processo e toma uma decisão em conjunto com o coachee: ou interrompem o trabalho com o objetivo inicial e começam a trabalhar o novo, ou esperam que o objetivo inicial seja atingido para, então, dedicarem-se ao novo. Qualquer que seja a decisão, a meta, uma vez iniciada, não pode ser abandonada, sob pena de esvaziamento do processo.

Resumo

Escolher um coach para atender a empresa é responsabilidade da área de Recursos Humanos. A qualidade do coach é diretamente proporcional ao sucesso do trabalho. Em função disso, as credenciais, o conhecimento e a experiência do coach são analisados com cuidado. Essa é a forma de garantir que se está contratando o profissional certo para o trabalho a ser realizado.

O coaching é uma ferramenta de desenvolvimento e de investimento e deve ser fornecida a colaboradores ou a executivos que demonstrem serem talentos e cujo crescimento pessoal e profissional agregam valor, não apenas ao cliente como também à empresa. Consequentemente, o coaching não é adequado para funcionários problemáticos ou que estejam praticamente em processo de demissão.

Cabe ao RH o acompanhamento do processo, agindo em parceria com o coach, respeitando a ética do trabalho, sem perder de vista qual o retorno que está obtendo sobre seu investimento no trabalho.

6

Entendendo seu Coachee

O ponto inicial do processo de coaching é conhecer seu coachee. Quem é a pessoa com quem vai trabalhar? Como ele se comporta, como pensa? Quais são seus hábitos? E, principalmente, por que coachee quer fazer coaching? Quais são seus sonhos? O que ele deseja ardentemente ser ou ter para incentivá-lo a investir em um processo de coaching?

Como seu coachee vê o mundo? Einstein afirmava que a escolha mais importante que precisamos fazer em nossas vidas é decidir se vivemos em um universo amistoso ou hostil. Se seu coachee acredita que vive em um universo amistoso, ele atrairá esse tipo de energia para si, sendo otimista, e acreditando que atingirá suas metas. Nesse caso, o papel do coach é incentivá-lo, canalizando essa energia para transformar seu sonho em realidade.

Por outro lado, se ele acredita que vive em um universo hostil, sua vida tenderá a refletir isso. O coachee que percebe o mundo dessa forma focará sua atenção no que quer evitar e naquilo que não quer para sua vida. Tende a ser defensivo e a ter medo de arriscar mudanças, embora mantenha o propósito de modificar sua vida. Cabe ao coach entender a forma como o coachee vê o mundo e trabalhar com isso. Mas, na medida em que um dos requisitos de qualquer objetivo é ser positivo, ou seja, definir aonde se quer chegar, o coachee terá que sair da atitude de evitar o que não quer, para uma atitude de *querer, de se aproximar de seus objetivos*.

É mais fácil trabalhar com coachees cheios de energia, dispostos a mudar e que estão apenas precisando de um "empurrão" para disparar em direção às suas metas, mas é o coachee pessimista e desanimado que exige mais dedicação e cuidado.

Não existe uma única "fórmula mágica" que resolve todas as questões dos coachees. A solução para os desafios do coachee é pessoal e intransferível. Ele é quem vai definir sua medida de sucesso. Ele escolhe a vida que quer para si. Ele é quem se compromete com suas metas.

O coach sabe entender que a situação ideal para o coachee pode não ser exatamente a escolha que faria para sua própria vida. Dar liberdade total ao coachee requer sabedoria e desprendimento. O coach deixa seu coachee livre para definir o que quer para si, sem interferências.

Entender seu coachee também significa compreender se ele está preparado para ingressar no processo de coaching. Querer realizar um sonho é diferente de estar disposto a concentrar tempo, energia e dedicação para concretizá-lo. No Apêndice, há um formulário (X2) a ser respondido pelo coachee, que ajudará a identificar o nível de seu desejo de investir na mudança.

Análise do Ambiente Interno – o Perfil do Coachee

Testes de personalidade fornecem informações sobre a maneira de ser do coachee. O coach profissional sabe perceber e identificar, desde a primeira sessão, o que é marcante e individual na pessoa com quem vai trabalhar. Ele é extrovertido ou introvertido? É seguro ou inseguro? Seu modo de falar e de pensar é articulado ou confuso? Ele é determinado? Essa percepção empírica, amparada por testes, cria mais segurança no desenvolvimento do trabalho.

O processo de testagem é eficaz quando há aumento, por parte do coachee, de seu autoconhecimento. Os tipos de testes serão apresentados adiante. Os testes podem fornecer informações precisas sobre suas forças e fragilidades, sobre sua capacidade de agir e de decidir, sobre algumas de suas dificuldades e habilidades positivas, que talvez nem ele mesmo saiba conscientemente que tem.

Os resultados dos testes são compartilhados com o coachee, e esse pode ser um momento precioso para que ele perceba padrões de comportamento.

Alfredo é um executivo bem-sucedido, que trabalha há 15 anos em uma multinacional da indústria petroquímica. É casado, tem dois filhos adolescentes e uma vida estabilizada.

Na entrevista inicial, fez questão de relatar detalhadamente suas conquistas: entrou na empresa como trainee *e havia acabado de ser promovido a diretor de uma área estratégica da organização.*

Ao ser perguntado sobre o motivo que o levou a procurar um coach, afirmou que não sabia exatamente o que desejava, mas que sentia que precisava trabalhar uma sensação, meio nebulosa, de falta de controle sobre sua vida. Segundo suas próprias palavras, "sentia que não levava a vida, e sim que era levado por ela". Isso gerava insatisfação e um sentimento de estar afastado de seus propósitos que, por sua vez, também não eram claros para ele.

Ao ser submetido aos testes, ficou claro que Alfredo sentia necessidade de agradar a todos, sentindo-se responsável pelo bem-estar de seus amigos, de sua família e até pelo clima interno da área que comandava. Na medida em que estava constantemente olhando para os outros, não havia tempo para olhar para si mesmo. Alfredo tomou consciência de que essa era a causa principal de sua sensação de falta de controle. Essa percepção causou forte impacto e forneceu o combustível necessário para a mudança. Embora nunca tivesse percebido essa característica, ao ser "apresentado" a ela, começou a lembrar-se de inúmeras vezes em que passou a necessidade dos outros na frente das suas.

Com o desenvolvimento do trabalho, Alfredo foi-se tornando mais consciente do que desejava fazer e, aos poucos, foi assumindo o controle sobre sua própria vida. Passou a cuidar de si mesmo e a levar em consideração seus desejos e suas necessidades. Sua vida tornou-se mais agradável e, ao final do trabalho, seu discurso mudou: "Continuo gostando e cuidando de todos, mas agora o dono de minha vida sou eu mesmo. Ninguém melhor do que eu sabe o que é melhor para mim".

Este exemplo demonstra como o autoconhecimento pode promover mudanças consistentes na vida. Todo mundo é regido por padrões de comportamento, e nem sempre temos consciência deles. Um dos papéis do coach é mostrar aos seus coachees que padrões ineficazes estão utilizando, e encorajá-los a agir diferente obtendo, como consequência, resultados diferentes.

Como se trata de pessoas, com seus sentimentos e suscetibilidades, vale a regra "menos é mais". Isso significa, ao lidar com as características pessoais, deixar de rotulá-las como defeitos ou qualidades. Os testes comportamentais têm como objetivo esclarecer, e não julgar.

Os Tipos de Testes

Existem diversos testes comportamentais disponíveis. Alguns deles requerem formação em psicologia para serem aplicados. Há outros, mais simples, que podem ser utilizados por pessoas que não têm essa formação.

A internet é uma boa ferramenta. Podem-se usar os mecanismos de busca chegando-se a inúmeros resultados. Alguns sites oferecem gratuitamente um teste muito utilizado por coaches e por empresas – o MBTI, baseado nos tipos psicológicos de Carl Gustav Jung, que apresentam os quatro aspectos mais marcantes da personalidade. Esse é apenas um exemplo do grande número de testes que são oferecidos. Entretanto, o que realmente importa é que o coach utilize a testagem que lhe forneça informações úteis para seu trabalho. Podem-se aproveitar ferramentas de assessment já utilizados pela organização como: MBTI – HBDI – DISC entre outras.

O Feedback

A ferramenta de feedback 360° é útil para esclarecer, tanto para o coach como para o coachee como ele é visto por outras pessoas. Ele responde a um questionário onde pode comparar a percepção que tem sobre si mesmo com a percepção de outros em torno dele. Novos ângulos de percepção ajudam a clarificar a dinâmica de relacionamento do coachee com as pessoas com quem convive.

Há duas abordagens básicas discutidas a seguir.

Feedback 360° Externo

Nesse tipo de feedback o coachee recebe um questionário sucinto a ser entregue para até dez pessoas que o conhecem bem e em quem confia. As pessoas respondem aos questionários e enviam ao coach, que faz a tabulação e mostra os resultados ao coachee, sem revelar os resultados individuais.

Feedback 360° Projetivo

O coachee pode não desejar abrir sua intimidade para outras pessoas. Nesses casos, pode-se realizar um feedback projetivo, em que o próprio coachee responde a perguntas sobre a forma como acredita que é visto pelas outros. Via de regra, o coachee sabe mais sobre a forma como é visto do que imagina e informações interessantes podem surgir no processo de aplicação.

Tanto as testagens comportamentais quanto o feedback 360° são formas de aumentar o autoconhecimento por parte do coachee. Quanto melhor ele se conhecer, quanto melhor souber o que lhe deixa confortável ou desconfortável, quanto melhor perceber como age e como é visto, mais fácil será para ele promover mudanças que estejam em sintonia com seu modo de ser e de pensar. O coach encoraja seu cliente a receber esse feedback de forma aberta, mostrando que esse conjunto de informações contribui para seu desenvolvimento.

Uma Pequena Autobiografia

Uma autobiografia resumida ressalta os eventos mais relevantes da vida do coachee. Não é necessário que ele escreva um livro; bastam algumas páginas. Escrever sobre sua própria vida o faz refletir sobre seus comportamentos, sobre seus padrões de repetição e sobre a forma como vê sua trajetória.

Estruturar uma relação de perguntas pode auxiliar o coachee a montar sua autobiografia. Não é necessário restringir-se a elas. Da mesma forma, podem-se acrescentar os pontos relevantes.

Ao escrever a autobiografia, o coachee pode perceber situações repetitivas, que estão ligadas a padrões de comportamento. Algumas situações representarão forças positivas, responsáveis pelos sucessos já obtidos pelo coachee. Outras demonstrarão onde faltou alguma competência para atingir as metas e realizar o sonho.

Roberto é um gerente de nível médio, que iniciou coaching com o proposito de desenvolvimento profissional. Queria tornar-se gerente sênior em um período de um ano e diretor, em cinco anos. Entretanto, sua carreira estava estagnada. Seus colegas, com mesmo nível hierárquico, estavam recebendo promoções e ele continuava no mesmo lugar.

Ao escrever sua autobiografia, Roberto percebeu que, desde a infância, sua vida era pautada por problemas de relacionamento. Havia um padrão que se repetia ao longo dos anos de rebeldia e conflitos com figuras de autoridade: pais, professores e chefes. Perceber esse padrão ajudou-o a entender que estava mais uma vez repetindo esse padrão com seu chefe atual. Embora fosse um excelente técnico, a empresa valorizava o relacionamento de seus executivos com colegas, equipe e superiores hierárquicos. Ao focar sua energia apenas na capacitação técnica – à qual era muito dedicado, desviava sua atenção do que realmente era importante: desenvolver habilidades de relacionamento.

O processo de coaching passou a focar o desenvolvimento dessa capacidade. Junto com o autoconhecimento veio a percepção de que o fato de as pessoas pensarem diferente dele não significava que estavam erradas. Roberto foi-se tornando uma pessoa mais paciente e tolerante. Acabou percebendo que poderia aprender muito com quem estava à sua volta. Sua promoção para gerente sênior chegou seis meses depois.

A Missão

A Missão de Vida de seu coachee dá o pano de fundo para o desenvolvimento do processo de coaching.

Quando nos sentimos perdidos, desconectados do mundo à nossa volta e das pessoas com quem convivemos, é porque perdemos contato com nossa Missão, esquecemo-nos dela ou estamos agindo de forma a transgredi-la de alguma forma.

Apesar de todos terem uma Missão de Vida, nem sempre ela é consciente, e nem sempre está clara. Ela pode ser percebida de forma difusa, quanto temos a sensação, por exemplo, de que poderíamos estar contribuindo para alguma causa, mas não sabemos qual ela é. Ou quando sentimos que podemos deixar uma marca no mundo, mas não sabemos exatamente o que fazer.

Durante o trabalho, o coach muitas vezes relembra a Missão de Vida do coachee, como forma de checar se as metas estabelecidas estão em sintonia com aquilo que realmente importa. Se elas estão sendo definidas de acordo com a vontade real do cliente ou se são imposições impostas pela sociedade, por seu trabalho ou pelas pessoas com as quais convive.

A Visão

O coach estabelece com o coachee sua Visão para quatro etapas da Vida: Aposentadoria, longo, médio e curto prazos.

O Valor da Visão é dar coerência aos objetivos a serem definidos pelo coachee, ajudando-o a evitar metas imediatistas, que não levam em conta a vida em mais longo prazo.

Definir a Visão significa definir as etapas que levam o coachee à realização de sua Missão de Vida. Definir a Visão é olhar para o futuro. Fazer isso modifica a dimensão dos objetivos e mostra ao coachee o que realmente é importante para ele e para sua vida.

Os Valores

A importância da definição precisa dos Valores do coachee já foi mencionada em capítulos anteriores. Mas, além disso, há a definição da hierarquia de Valores do coachee. Ou seja, qual é a ordem de importância desses valores. Essa hierarquia é individual e determina como o coachee se sente frente às situações com as quais se defronta.

> *Marcos é gerente regional de vendas de uma empresa de produtos alimentícios. Apesar de gostar muito do que faz, resolveu investir em um processo de coaching porque, há algum tempo, se sentia desconfortável no ambiente profissional. Estava vivendo uma situação de conflito pessoal porque, embora seu trabalho lhe trouxesse muita satisfação, de repente também tornou-se a causa de um incômodo pessoal. Seu objetivo no trabalho era entender e resolver esse conflito.*
>
> *Com a continuidade do trabalho, Marcos informou a seu coach que a empresa havia sido vendida fazia dez meses para uma multinacional. A equipe foi mantida, mas ele percebia que a qualidade dos produtos havia caído drasticamente. A margem de lucros havia subido, o preço, caído e a meta de vendas de sua equipe era atingida com muita facilidade e seus rendimentos aumentaram sensivelmente, na medida em que boa parte de sua remuneração era obtida através do percentual de vendas. Ele estava ganhando bem mais, sua equipe estava prestigiada na empresa, então por que essa sensação de insatisfação?*

A solução para esse conflito está justamente no entendimento da hierarquia de Valores de Marcos. Embora lucro fosse um valor importante para ele, Qualidade era um valor ainda maior. Ao perceber a perda da qualidade dos produtos que vendia, ele sentiu-se mal, ainda que estivesse ganhando mais dinheiro.

Embora essa seja uma distinção sutil, seu efeito pode ser bastante nocivo quando se trata da vida de seu coachee. A função do coach é entender, respeitar e trabalhar com essa hierarquia.

Resumo

Entender o coachee com que se está trabalhando é de vital importância para o sucesso do trabalho de coaching. Cada coachee é único e especial e qualquer processo deve levar em conta essas características e partir do ponto onde o coachee está.

Há várias formas de conhecer o coachee: através de testes que podem ser encontrados na internet e que não exigem formação em psicologia para aplicá-los, e a ferramenta de feedback em que algumas pessoas respondem a perguntas sobre o coachee.

Quanto melhor o coach conhecer o coachee, maior a possibilidade de o trabalho ser bem-sucedido.

Além disso, há o levantamento da Visão, da Missão e dos Valores do coachee. Juntos, esses elementos dão o rumo do trabalho, direcionando-o para o sucesso no atingimento de suas metas.

7
Definindo Metas: A Chave da Transformação

As metas são o coração do processo de coaching. Criar metas para a vida significa mudar e realizar transformações positivas. Einstein afirmou certa vez: *"A definição de insanidade é continuar fazendo as mesmas coisas esperando resultados diferentes"*. Fazer as mesmas coisas só nos levará aos mesmos lugares. Nada externo pode mudar esse panorama. Nossa vida só pode ser mudada por nós mesmos. Metas são a bússola que dá sentido aos valores e permite atingir a visão.

Metas são desafiadoras e, de preferência, ousadas. Afinal, o mundo não nos deu asas, mas nossa mente nos dá a capacidade de voar.

As metas realmente importantes estão diretamente ligadas à Missão de Vida do coachee. São pequenas ou grandes ações planejadas e executadas no dia a dia que fazem com que haja sintonia com o que realmente é relevante para o coachee. As metas respeitam seus valores – senão ele se sentirá desconectado de si mesmo. As metas permitem que a Visão no curto, médio e longo prazos se transforme em realidade.

Por Onde Começar?

Tenho muitos objetivos: quero crescer profissionalmente, ganhar mais dinheiro, fazer mais exercícios, cuidar de minha saúde e ter mais tempo para estar com minha família e amigos.

O processo de coaching tem dois objetivos principais: aumentar o conhecimento do coachee sobre si mesmo e ajudá-lo a definir metas. Não há processo de coaching sem metas, da mesma forma que não há caminho que não chegue a algum lugar.

Saber definir metas precisas é uma habilidade que cabe ao coach, não ao coachee. Mesmo que ele chegue à primeira sessão sabendo "mais ou menos" o que quer, como apresentado acima, é necessário que esse desejo seja trabalhado, para que se torne operacional e alcançável. O coachee que deseja muito, mas de forma genérica, sem uma definição precisa do como atingir o que tanto quer necessita de orientação para explicitar metas.

No exemplo apresentado, é necessário que o coachee crie metas para cada área da vida, definindo com precisão aonde quer chegar. Tentar trabalhar tudo ao mesmo tempo gera confusão e falta de produtividade.

O foco do trabalho de coaching é utilizar técnicas, como o modelo PBC, de forma a transformar o sonho ou o desejo do coachee em metas concretas. O sonho é algo agradável, sobre o qual se faz devaneios, principalmente quando algo não está muito bom na vida, e que pode ou não acontecer. Já a meta exige comprometimento, tempo e energia, disciplina e empenho. Frases que começam com: "um dia eu vou..." levam ao campo dos sonhos, ao passo que: "tomarei tal ação específica até tal data..." move em direção à realização.

O trabalho do coach é despertar o coachee, tirando-o do sonho e trazendo-o para a realidade que vai permitir-lhe ter uma vida plena e mais feliz.

Aqueles que Não Sabem o que Querem

Minha vida está uma droga, mas não sei o que não está dando certo. Acho que algo está muito errado comigo. Estou insatisfeito com meu trabalho, com minha saúde, com minha vida! Não sei o que fazer. Como você pode me ajudar?

Esse é um tipo de afirmação que representa um desafio substancial para o coach. Isso pode acontecer quando o coachee sente-se incomodado, ou porque percebe que algo não está funcionando bem em sua vida e não sabe como lidar com isso.

O primeiro passo do trabalho é saber o que o coachee quer, e não o que ele não quer mais. Só se pode caminhar em direção a algo se o objetivo a ser alcançado está bem definido. Só se pode traçar metas para situações onde se deseja chegar, não para sentimentos incômodos. Se o coachee quer se livrar de uma sensação ou de um sentimento desagradável, cabe ao coach descobrir junto com ele o que está faltando e qual o caminho a ser tomado para que ele se sinta bem.

Quando algo incomoda, como um sapato apertado, é comum que se foque a atenção nisso. Contudo, manter o pensamento voltado para o desconforto sem ação corretiva não resolve o problema. O papel do coach é fazer o coachee entender que o incômodo pode ser um excelente estímulo para que ele saia e compre um sapato novo.

Então, como lidar com coachees que não sabem o que querem? Uma abordagem possível é trabalhar utilizando o oposto – a contrapartida. Não existe não querer. Existe querer algo. O fato de esse algo estar oculto não significa que não exista, que não possa ser encontrado. Pode-se começar por uma abordagem da situação utilizando sentimentos, sensações ou experiências. Uma das formas de fazer isso é solicitar que ele cite algumas situações que o motivam, que o deixam energizado e que acredita que valem a pena serem buscadas. E, na sequência, solicitar que ele descreva situações que o incomodam e que das quais quer livrar-se. Essa abordagem dá uma pista para onde o trabalho poderá ser conduzido. Nesse ponto, a paciência do coach é fundamental. Talvez seja necessário empregar algum tempo ouvindo uma longa lista de reclamações antes que se comece a obter pistas sobre o que deve ser trabalhado.

O processo de coaching está diretamente relacionado com mudanças. Mas para que o coach possa ajudar o coachee nesse processo, ambos precisam saber quais mudanças serão feitas. E isso pode não estar claro. Algumas vezes, isso acontece porque o coachee não parou para pensar no assunto com cuidado. Outras, porque ele acha que mudar sua forma de agir é complicado e dá trabalho, ou talvez porque acredite que não tem a força ou a disciplina suficientes para empreender uma mudança.

O coach também pode encontrar resistência porque a meta, embora clara, tenha um caminho nebuloso. É como se o coachee visse um castelo no alto de uma montanha, quisesse alcançá-lo, mas não tivesse a menor noção do caminho a ser tomado. Caminhos muito nebulosos podem gerar desconforto e, em alguns casos, angústia. Em função disso, o coachee pode achar que o melhor é não parar para pensar muito no assunto, torcendo para que, de alguma forma, a vida o conduza para o lugar desejado.

Em alguns casos, há hiatos entre pensamento e ação. O coachee sabe o que quer, sabe o que precisa fazer, mas lhe falta uma estratégia organizada, com passos definidos, para realizar seu sonho. Um exemplo disso é emagrecer: o coachee tem consciência de que está acima do peso, sabe que a solução é fazer regime, mas não sabe como se livrar de hábitos alimentares inadequados e manter a motivação para chegar ao peso desejado e manter-se nele.

Quando algo incomoda, quando algo transmite sensações desconfortáveis, é porque está faltando alguma coisa. E essa alguma coisa é a meta do trabalho, o objetivo maior do processo de coaching.

A Zona de Conforto

A zona de conforto é o lugar onde o coachee está no momento, onde transita com facilidade e de forma automática. A expressão zona de conforto traz dentro de si uma ambiguidade. Algumas vezes, a zona de conforto pode ser extremamente desconfortável. Mas o coachee pode estar tão acostumado a ela e pode acreditar que isso define sua vida, define como ele é e quais resultados irá obter.

Sair da zona de conforto é o primeiro desafio com o qual o coach se defronta quando o coachee decide definir metas. Mudar significa sair do que é conhecido, das respostas automáticas, das ideias que já "rodam" no programa inconsciente da mente. Mudar significa pensar de modo diferente, prestar atenção a coisas novas, lidar com a incerteza sobre os resultados dos atos e entrar em um terreno desconhecido que, embora estimulante, também pode ser levemente ameaçador.

Só que mudar significa fixar metas. Sem metas, o coachee não se aproxima do que é importante para ele e nem aumenta sua qualidade de vida. E ele acaba preso em um labirinto, repetindo os mesmos comportamentos e aguardando o milagre de que algo mude sem que ele precise fazer nada para que isso aconteça.

A Meta Bem Formulada

Metas bem formuladas, que transportam o coachee do sonho para a realidade, têm que atender a alguns requisitos, descritos a seguir.

São Específicas

"Quero ser feliz" pode ser uma bela afirmação, mas não é válida como meta. Afinal, o que significa para seu coachee ser feliz? Ser rico? Ter saúde? Ter um grande amor? Ter uma família equilibrada? Tornar-se diretor ou mesmo dono da empresa em que trabalha? Tudo isso junto?

Quanto mais específico for o objetivo, maiores as chances de ele se concretizar. Nosso cérebro é exato e nosso inconsciente precisa saber com clareza o que deve procurar. Grandes generalizações deixam espaço para que cheguem até nós coisas que não havíamos pedido e nem imaginado.

São Mensuráveis

Para que o cliente determine o progresso do trabalho é necessário haver uma medida desse progresso. A afirmativa "quero ser rico" funciona bem enquanto se está na fase do sonho. Mas o que realmente significa ser rico? Qual terá que ser o valor líquido do patrimônio para que possa sentir-se rico? Essa definição dará instrumentos concretos para que se verifique o saldo de banco, portfólio de investimentos, percebendo se está realmente se aproximando da conclusão da meta.

Metas de comportamento também podem ser mensuradas. O coach e o coachee verificam progressos através da forma como o coachee passa a agir. Por exemplo, se a meta é ser mais assertivo, pode-se observar o quanto o coachee caminhou através da observação.

São Atingíveis e Viáveis

Qual é o tamanho adequado da Meta? Essa é uma pergunta que somente pode ser respondida pelo coachee. Qual é o tamanho daquilo que deseja? Qual é a capacidade de realização de seu sonho?

Objetivos simples demais e fáceis demais tendem a não estimular sua realização. É difícil alguém colocar energia em algo sem importância. Isso deve ser observado pelo coach. Afinal, trabalhar para concretizar objetivos significa sair de sua zona de conforto e aí pode residir um perigo: definir coisas simples demais pode significar "fingir" que se está trabalhando, que movimentos estão sendo feitos, sem chegar a lugar nenhum.

Da mesma forma, metas grandes demais ou ousadas demais podem desanimar o coachee, deixando-o paralisado, sem saber o que fazer. Nesse caso, a solução é simples: basta subdividir o objetivo do coachee em várias submetas, que podem ser alcançadas mais facilmente. Cada progresso obtido e cada passo concretizado dão energia para prosseguir em direção a seus objetivos.

> *Vinícius é um jovem profissional ambicioso. Trabalha na área de Marketing de uma empresa brasileira que presta serviços a uma universidade, e tem como objetivo se tornar gerente do departamento no qual trabalha e, um dia, chegar a diretor de marketing. Entretanto a empresa valoriza muito o conhecimento acadêmico de seus colaboradores e Vinícius vem de uma família modesta, lutou muito para conseguir estudar e não conseguiu terminar a faculdade.*
>
> *Vinícius sabe que, para atingir a posição de diretor, é fundamental que tenha, pelo menos, o título de mestrado; o ideal seria ter o título de doutorado. Esse objetivo parece estar muito distante para uma pessoa que nem sequer completou sua graduação superior. Ele se sentia incapaz de progredir diante desse desafio.*

Ao iniciar o trabalho, a primeira coisa que Vinícius aprendeu foi um princípio básico que norteia toda e qualquer meta: é preciso dar um passo de cada vez. Pular de um curso superior incompleto para um doutorado é, sem dúvida, um passo muito grande. Entretanto, concluir seu curso superior é mais fácil. Essa foi sua primeira meta, atingida em um espaço de dois anos.

> *Após esse período, Vinícius voltou ao coaching, agora com o objetivo de ingressar no mestrado. Ao levantar informações, descobriu que, pelo fato de sua empresa prestar serviços para a universidade, ele poderia contar com facilidades para ingressar no curso que lhe interessava. Enquanto cursava o mestrado, veio sua promoção para gerente. Ele passou a ser reconhecido na empresa e obteve satisfação, não apenas por ter um grau acadêmico mais alto, como também pelo fato de ter galgado uma posição maior na hierarquia da empresa e, como benefício adicional, ter aumentado sua empregabilidade.*
>
> *A terceira e última etapa veio com a conclusão de seu mestrado. Finalmente, Vinícius ingressou no doutorado e o completou em um tempo recorde. Sua tese acabou virando um livro razoavelmente bem-sucedido e esse reconhecimento levou-o a assumir a posição de diretor de marketing da empresa, substituindo o antigo diretor, que estava se aposentando.*

São Realistas

O coach tem um cuidado especial nesse ponto. O coachee quer muitas coisas, mas nem sempre o que quer é alcançável. Isso pode acontecer quando o coachee está trabalhando com metas: definir algo que simplesmente não pode ser atingido nem com esforço e dedicação. O coachee pode desculpar-se por não estar realizando algo com a famosa frase: "Eu tentei, mas não foi possível". O coach não aconselha e muito menos diz ao coachee o que fazer, mas cabe a ele fazer perguntas e levar o coachee a analisar se o que está querendo pode realmente se concretizar.

Natalia procurou um coach porque queria emagrecer. Estava muito acima de seu peso e já havia passado por todos os tipos de dietas existentes, todas sem sucesso. Percebeu que o que lhe faltava era um aspecto comportamental: traçar uma meta que realmente fosse atraente e que lhe ajudasse a perder os quilos que precisaria para se sentir bem. A questão é que Natalia não gostava nem de fazer dietas nem de exercícios. E ela precisava perder 50 kg. Um desafio e tanto para o coach. Natalia acreditava que simplesmente por estar engajada em um processo de coaching poderia programar sua mente para emagrecer sem que precisasse fazer nada.

Seu coach começou a questionar cuidadosamente cada uma das crenças de sua cliente sobre emagrecimento. E levou-a a pensar sobre o fato de que peso é algo concreto, que não pode ser modificado pela simples vontade. Algumas hipóteses foram levantadas e Natalia percebeu que simplesmente pensamento positivo não seria o suficiente para chegar aonde desejava.

Com a ajuda do coach, Natalia fez diversas pesquisas sobre novas formas de dieta e emagrecimento e acabou optando por um programa de reeducação alimentar que não era agressivo nem a privava completamente de tudo o que gostava de comer.

Com a continuidade do trabalho, ela também percebeu que o que a incomodava em fazer ginástica era entrar em uma academia repleta de pessoas com o corpo bem modelado e fazer a inevitável comparação. Após algum tempo de busca, Natalia descobriu aulas de ginástica especiais para pessoas muito acima do peso e acabou sentindo-se reconfortada, na medida em que o grupo e a professora eram muito apoiadores.

Após um ano de trabalho persistente, Natalia chegou a seu peso ideal.

São Recompensadoras, Atraentes

Ricardo iniciou seu processo de coaching por causa de um dilema: queria fazer uma pós-graduação de dois anos no exterior. Já havia completado todos os requisitos para sua aceitação em uma universidade americana, havia obtido uma bolsa de estudos, seu passaporte e visto estavam em dia e tudo o que faltava era pedir demissão de seu emprego, comprar a passagem e embarcar. Mas havia um porém nessa meta aparentemente bem encaminhada. Ricardo estava noivo havia dois anos e queria se casar. Sua noiva tinha um excelente emprego no Brasil e nenhuma vontade de se mudar para o exterior, principalmente porque era muito ligada à sua família e a seus pais eram idosos. Ela, definitivamente, não queria sair do Brasil, embora Ricardo tivesse condições de sustentá-los durante seu curso nos Estados Unidos.

Esse caso ilustra um aspecto importante na definição de metas, que é *o critério de importância ou relevância*. É razoavelmente comum definirmos metas que se podem chocar umas com as outras. Elas geralmente se enquadram em binômios do tipo: lazer x estudo; lazer x trabalho; amigos x relacionamento estável. Se dermos muita atenção a um, vamos negligenciar o outro.

Quando se definem duas metas que entram em rota de colisão uma com a outra, há somente uma saída: analisar ambas com muito cuidado, definir qual é a mais importante, qual trará mais felicidade, qual está mais de acordo com a missão e os valores e abrir mão da outra sem dó nem piedade. Algumas situações não são conciliáveis e não há técnica que faça com que elas atuem em harmonia.

No caso de Ricardo, ele percebeu que casar era mais importante que fazer um mestrado no exterior. Constituir família era um valor mais importante para ele. Casou-se, e optou por fazer um mestrado em uma universidade no Brasil. Seu dilema foi resolvido e ele sentiu-se feliz com sua escolha.

Há Tempo Definido para sua Realização

O tempo é um divisor de águas que separa a meta de um sonho. Quando se define um tempo para a concretização de algo, há comprometimento para realizá-lo. Se o objetivo acontecerá "um dia, quem sabe", ele ficará no campo do sonho e não se concretizará.

Também quando se fala de objetivos, é necessário definir se ele acontecerá no curto, médio ou longo prazos. Algumas coisas não podem ser obtidas no curto prazo, como foi o caso de Vinícius. Mas os comportamentos para sua realização podem começar já, para que não se crie um abismo instransponível entre onde se está agora e aonde se quer chegar.

No Apêndice há uma sugestão sobre como definir bem as metas de seu coachee.

Não Dependem de outras Pessoas

Por maior que seja a tentação de o coachee querer mudar o comportamento de outras pessoas, elas só mudarão se sentirem vontade ou necessidade. Portanto, esperar que o outro mude para poder realizar algo condena o objetivo ao fracasso. É claro que o coachee interage com outras pessoas, mas a realização de uma meta depende apenas dele.

Criando Espaço para o Novo

Novos objetivos, novos hábitos e novos comportamentos ocupam tempo. E tempo é um recurso limitado. Por mais que se trabalhe, o dia de qualquer pessoa continua tendo 24 horas de duração. Tentar adquirir novos hábitos em um dia completamente ocupado por uma enorme quantidade de tarefas pode levar à frustração e à consequente desistência da meta.

A expressão "menos é mais" é útil nesse momento. Para algo novo entrar, algo velho tem que sair. Para que novos comportamentos se instalem, antigos comportamentos precisam ser abandonados. Para que novos hábitos sejam adquiridos, outros terão que sair de cena. Fazer exercícios pode significar abrir mão de acordar um pouco mais tarde. Fazer um novo curso pode significar abrir mão de algumas horas de lazer.

O importante é que o coachee tenha noção clara das decisões que toma, das escolhas que está fazendo e do que está abrindo mão, para que não se sinta frustrado. Adquirir novos hábitos também está ligado a uma análise do que realmente é relevante para a vida ou se o que está se fazendo está sendo feito apenas porque sempre esteve lá, ocupando aquele espaço. Há questões que podem ser analisadas pelo coach e pelo coachee, em conjunto: *o coachee gosta realmente de todos os seus amigos? Todos continuam lhe acrescentando algo em termos de afetividade ou troca de experiências? Ele realmente precisa ler o jornal de domingo inteiro? Será que ele consegue sobreviver sem assistir à televisão todos os dias? Ele precisa mesmo terminar de ler aquele livro chato apenas para que não pensem que ele desiste das coisas pela metade? Ele realmente precisa ir a todos os almoços, festas, aniversários, casamentos e formaturas para os quais foi convidado?*

Esses exemplos são simples, mas se analisados em conjunto se transformam em grandes desperdiçadores de tempo que pode ser empregado em atividades mais produtivas.

Outra questão a ser levantada é o nível organização do coachee. Passar 10 minutos procurando as chaves do carro ocupa espaço que poderia estar sendo utilizado para atividades que o aproximam de sua meta. No Apêndice há algumas dicas sobre como organizar sua vida e ganhar tempo produtivo.

A Preparação da Mente para Atingir Objetivos

Quando o cliente foca a atenção em algo que quer alcançar, a energia mental se modifica e passa a vibrar na freqüência da meta fixada. E aí coisas inesperadas começam a acontecer: ele abre o jornal e encontra o anúncio de um curso que está começando e que está ligado ao que ele quer fazer. Passa por uma livraria e seus olhos recaem sobre um livro que fala exatamente sobre o assunto que está pesquisando, conhece alguém que pode lhe ajudar, de alguma forma, com sua meta. Parece que as coisas começam a se encaixar como em um passe de mágica.

A explicação para isso está na mágica do funcionamento do cérebro. Todos têm filtros de percepção, ou seja, todos escolhem prestar atenção em algumas coisas em detrimento de outras. Se alguém está procurando um parceiro, por exemplo, quando entra em um ambiente, prestamos atenção a todas as pessoas que estão desacompanhadas. Se esse não for o caso, o detalhe vai passar despercebido, a pessoa foca sua atenção em qualquer outra coisa.

O mesmo acontece com os objetivos. Quando se define algo que se quer alcançar, obedecendo aos requisitos apresentados acima, cria-se um filtro de percepção que vai fazer com que se preste atenção a tudo aquilo que se aproxima, de alguma forma, do que se quer obter.

A Testagem do Contexto Geral

Rafaela é uma profissional com uma carreira brilhante. Desde cedo, ela se preparou cuidadosamente para dar os passos certos em sua trajetória profissional. Fez a faculdade certa, fez os estágios e programas de trainees *certos e conseguiu, após muito empenho, ser contratada pela empresa de seus sonhos. Com o passar do tempo foi galgando, de forma consistente, todos os cargos que a levaram à concretização de sua meta mais importante: tornar-se vice-presidente executiva da empresa.*

Só que, quando chegou lá, Rafaela percebeu que havia perdido o controle sobre sua vida. A carga de trabalho era brutal e ela não conseguia mais, entre outras coisas, fazer exercícios físicos com regularidade. Em função disso, acabou ganhando peso, o que prejudicou sua autoestima. Praticamente, não tinha tempo para ver seus amigos e estar com eles era uma forma agradável de recarregar suas energias. Agora tinha dinheiro suficiente para comprar todos os livros que quisesse, mas não tinha mais tempo para lê-los. E seu namorado acabou desistindo dela, na medida em que quase nunca conseguia encontrá-la. Como passou a ter um ótimo salário, comprou um excelente apartamento, mas não conseguia aproveitá-lo porque viajava muito e quase nunca estava em casa. Um belo dia, Rafaela olhou em volta e percebeu que seu sonho, há tanto tempo acalentado, havia se transformado em um pesadelo.

Foi nesse momento que ela resolveu procurar um coach. Queria entender o que havia dado errado.

Após algum tempo de trabalho, Rafaela percebeu que havia perseguido seu objetivo com tanta determinação que se esqueceu que a vida é composta por vários papéis: familiar, relacionamentos, lazer, crescimento pessoal etc., e que eles precisam, de alguma forma, ser contemplados. Ela havia se fixado apenas em um deles e se esquecido dos demais. Com isso, sua vida perdeu o equilíbrio e essa foi a principal causa de sua infelicidade.

Quando entendeu isso e também percebeu que era uma workaholic *típica, Rafaela começou lentamente a mudar seus hábitos. Passou a chegar um pouco mais tarde na empresa para ter tempo de fazer exercícios e, com isso, voltou a seu peso normal, o que fez maravilhas por sua autoestima. Abriu mão de trabalhar alguns sábados para ter tempo de encontrar com seus amigos e até reatou com seu namorado.*

A história de Rafaela ilustra um aspecto importante na definição de metas. Quando se opta por um objetivo muito relevante, é natural que grande parte do tempo e de energia seja canalizada para esse objetivo. Mas o coach deve estar atento às demais áreas da vida do coachee, para que não haja perda de qualidade. A vida é abastecida por uma série de fontes diferentes. No caso de Rafaela, eram sua boa forma física, os amigos, o namorado e as leituras que contribuíam para seu crescimento pessoal. Quando se cortam essas fontes de abastecimento de energia, a meta perde seu combustível e o efeito desejado – obter algo que traga alegria, satisfação e recriação verdadeira – pode-se tornar exatamente o oposto do que se desejava.

Resumo

Definir metas é um dos pontos-chave do processo de coaching. Criar objetivos significa ousar, investir em si mesmo e em sua vida. Significa sair do conformismo e da mesmice para buscar alegria e satisfação. Criar metas significa não se contentar apenas com o que a vida oferece, mas sim buscar o que realmente se quer da vida.

Uma meta bem definida obedece a alguns critérios: é específica, mensurável, atingível, viável, realista, recompensadora, atraente e tem tempo definido para sua realização.

Criar metas também significa abrir espaço para novas coisas entrarem. Para isso, é necessário permitir que alguns hábitos antigos saiam da vida.

8
Empreendedores e Executivos: Como Fazer Coaching nesse Nível?

O executivo precisa de coaching? Ou pertence a uma elite que não requer esse tipo de apoio?

No caso, há boas razões para questionar a aplicabilidade de coaching. Afinal, empreendedores e altos executivos têm características excepcionais de inteligência, perspicácia e determinação. São vencedores por natureza, imbuídos com DNA especial e equipados com uma bússola que os norteiam em direção à vitória.

Por outro lado, são seres humanos com sentimentos, dúvidas e uma história que inclui erros e alguns fracassos. Essa condição humana, acoplada com o fenômeno peculiar conhecido como "a solidão no topo", cria um campo fértil para o coaching junto a esses profissionais especiais. Eis a justificativa principal: os empreendedores, donos de negócios e altos executivos carecem de alguém isento de interesses, para compartilhar e testar ideias, alguém que não sofrerá o impacto do rumo ou decisão eventualmente tomado pelo executivo.

É o caso de Charlie Miller, manager de produção EP, da Shell Brasil, que trabalhou 20 anos na Shell nos Estados Unidos em diversas posições de liderança. Ao longo desse tempo, participou em cursos convencionais de liderança, bem como em avaliações de 360° (avaliado por chefias, pares e subordinados). Durante um período particularmente crítico, contratou um coach para apoiá-lo na implementação de um processo. Animado com os resultados, Miller ampliou o escopo do trabalho de coaching para incluir todos os aspectos de liderança e comportamento gerencial. Esse trabalho teve um impacto forte na sua carreira.

"O coach me ajudou a perceber aspectos do meu comportamento muito além dos ensinamentos absorvidos nas aulas e avaliações 360°. Como resultado, passei a ser visto como líder mais eficaz e acabei galgando posições que dificilmente teria conseguido sem o apoio de coaching", declara Miller. Ao assumir as responsabilidades para Exploração e Produção pela Shell no Brasil, novamente contratou coaching para ajudar a ajustar seu estilo de liderança em nova cultura e situação.

É no tipo de cenário descrito que a figura do coach externo pode brilhar. Cabe lembrar, no entanto, que para desempenhar a função do coach junto aos altos executivos e empreendedores, é preciso ter um perfil especial. O coach executivo John Agno, com base em Michigan, Estados Unidos, acredita que a relação do coach e coachee deve até ser de pares. "Para conseguir dar a devida orientação, o coach deve ter experiência no mundo corporativo, inclusive ter ocupado postos de responsabilidade executiva", diz Agno. É claro que esse coach também precisa ter os talentos de facilitador e articulador bem como saber aplicar um bom modelo de coaching. O papel desempenhado por esse coach executivo, portanto, poderá ser ligeiramente diferente do tradicional.

Vale a Pena a Empresa Investir em Coaching para o Pessoal no Topo?

Coaching produziu um retorno sobre investimento (ROI) de 529% além de benefícios intangíveis significativos, segundo um estudo encomendado por uma empresa das 500 maiores da *Fortune*. O estudo confirmou numericamente a impressão dos participantes no programa de desenvolvimento de liderança, em função da facilidade que o coaching proporciona para desenvolver competências de liderança de forma customizada.

Quanto mais elevada for a responsabilidade da pessoa que recebe o coaching, maior será o benefício para a organização. Isso é devido ao efeito multiplicador provocado por ações, posturas e decisões do profissional em questão. O alto executivo que obtém percepções através do coaching que agregam valor à sua eficácia de gestão passa a contribuir mais que outro profissional cuja responsabilidade abrange uma área menor.

É claro que tudo depende da qualidade do coaching, que é função da habilidade do coach, a predisposição do executivo e a sinergia ou "química" que existe entre as partes. O coach, além de ter qualificações como tal, precisa ter senioridade e competência que se nivela com a de seu coachee. O executivo, por sua vez, necessita saber interagir, refletir e agir em função das deliberações de coaching. Finalmente, o fator empatia é essencial para garantir o bom resultado.

Como Abordar o Executivo em Sessão de Coaching?

O modelo PBC e a Visão Holística de Coaching podem ser aplicáveis para pessoas de alto nível da organização. No entanto, em função das características peculiares destes coachees, na maioria dos casos, será necessário fazer adaptações. A abordagem *different strokes for different folks* (abordagens customizadas) é a ordem do dia para esses executivos. Eis as possíveis alternativas de coaching para o pessoal do topo.

- *Modelo clássico*. Nesse caso, aplica-se o modelo PBC com Visão Holística conforme apresentado nos capítulos anteriores, já que os conceitos são universalmente pertinentes.

- *Modelo atalho via SWOT.* Executivos experientes conhecem o instrumento de analise SWOT (sigla em inglês para pontos fortes, pontos fracos, oportunidades e ameaças). Esse instrumento, normalmente aplicado a organizações, pode ser útil no início do processo de coaching.
- *Modelo intuitivo.* Essa forma de coaching se aplica aos executivos ou aos empreendedores cujos processos mentais não são cartesianos, e que tendem a preferir uma abordagem interativa. No caso de o executivo ter feito alguma das abordagens de coaching, mesmo com outro foco, o coach deverá ouvir longamente o coachee e posteriormente ajustar o processo para atender às expectativas.
- *Modelo decisório.* Quando o desafio é específico, a fórmula de tomada de decisão pode ser uma abordagem apropriada, a saber:

    1. Entender o cenário.
    2. Identificar e descrever o problema.
    3. Descobrir a causa do problema.
    4. Levantar alternativas de solução.
    5. Escolher a melhor alternativa.
    6. Pesquisar efeitos colaterais da decisão.
    7. Implementar a decisão.

As personalidades e os estilos dos altos executivos são os mais diversos, desde o tipo "chefe" até o gentil articulador. É em função desses tipos que é preciso ajustar as formas de coaching. Eis a seguir algumas sugestões de abordagens de coaching para lidar com tipos clássicos de clientes do topo.

1. *O "chefão".* Esse tipo de coachee apresenta características de *mandão, sabe tudo,* bem como de desconfiança e de confronto. Se o chefão estiver participando de um programa de coaching, provavelmente foi induzido a fazê-lo e tenderá a querer escapar, desmarcando sessões e demonstrando desinteresse.

    Para o coach, cabem os seguintes recursos: identificar algo de interesse comum (*hobby*, livros, experiências passadas) com o coachee, procurar pequenas vitórias e persistir.

2. *O falante.* Esse coachee tem necessidade de falar, ou por característica inerente, ou porque a presença do coach oferece a possibilidade de se expressar mais livremente. Se o falante estiver dizendo "coisa com coisa", é uma bela oportunidade para colher informações relevantes sobre o coachee. Caso a fala seja ambígua e confusa, cabe ao coach procurar decifrar as expectativas reais do coachee.

Para o coach, o modelo adaptado é o mais indicado para o falante. O recurso mais indicado é o de assumir a "posição de ouvinte" em busca de informações que ajudam o coachee a atingir suas metas.

3. *O impaciente.* Esse coachee encara o coaching como um processo decisório, e não como um caminho para desenvolvimento profissional. Ou seja, a pessoa quer resolver questões específicas de natureza pessoal ou profissional e, como consequência, quer acelerar o processo.

Para o coach, cabe o recurso de focar de fato nas questões que são de preocupação do coachee, atuando como facilitador e, ao longo do processo, procurar dar toques sutis sobre outros pontos que o coach acha relevante para o crescimento do coachee.

4. *O gentil articulador.* Essa pessoa tenderá a ser boa ouvinte e se mostrará aberta ao processo de coaching. Por ser uma pessoa que é facilitador por natureza, terá uma expectativa alta em relação ao processo de coaching.

Para o coach, eis a abordagem sugerida: mostrar o modelo PBC e a Visão Holística e em conjunto desenvolver o caminho em comum acordo.

O Foco de Coaching para o Pessoal do Topo

Quais os assuntos relevantes para fazer parte do programa de coaching de altos executivos? Há um conjunto padrão de matérias que é recomendado? Ou todo executivo precisa de um foco único?

Liderança é o foco clássico para o coaching com o pessoal do topo. A melhoria nas qualidades dos líderes é a forma mais eficaz de otimizar o desempenho de uma organização. Liderança eficaz, acoplada com objetivos claramente fixados, fornecerá resultados concretos. O pessoal do topo, no entanto, já tem fortes características de liderança. Afinal, já chegaram ao topo: galgaram degraus na hierarquia, venceram desafios e demonstraram competências excepcionais. Portanto, já são líderes.

Apesar disso, dificilmente, o alto executivo domina todas as facetas de liderança, já que o arsenal de assuntos e habilidades do líder eficaz é vasto, e engloba tópicos como administração do tempo, organização, habilidades comportamentais, administração por influência, negociação, motivação, técnicas de apresentação e objetividade.

No caso desses líderes no topo, o processo eficaz de coaching trata de aprimorar algumas características particularmente fortes e melhorar outras áreas de menor eficácia, através do processo de coaching. Por exemplo: no caso do líder carismático que é desorganizado, explorar melhor o carisma e melhorar a organização. Ou para o executivo obsessivamente voltado a resultados, mas que pouco respeita as pessoas, mostrar como os resultados podem ser melhorados através das pessoas. Ou para o estrategista que é introvertido, mostrar como suas estratégias podem ser mais bem comunicadas através de técnicas de comunicação e de apresentação.

Tirando Vantagem do Coaching de duas Maneiras

O executivo pode beneficiar-se do processo de coaching de duas formas:

- *Coaching para si.* O executivo pode-se interessar em fazer coaching pelos seguintes motivos:

  1. Vem enfrentando desafios e quer apoio na busca de alternativas.
  2. Soube de bons resultados obtidos junto a outros executivos.
  3. Precisa falar com alguém isento. Para o executivo interessar-se pelo coaching, é preciso que saiba da existência desse apoio bem como o caminho de iniciar o processo. Algumas empresas mantêm na sua área de RH um cadastro de coaches competentes. Fora da empresa, uma pesquisa na internet revelará muitas opções que podem ser analisadas.

- *Coaching para os outros.* Em alguns casos, o executivo perceberá que coaching pode render bons frutos para outros executivos, gerentes ou profissionais da sua área de influência. Através de coaching customizado junto às pessoas-chave de sua equipe, a eficácia coletiva poderá obter saltos quânticos de eficácia.

Nesse caso, é preciso apresentar os benefícios do coaching e convencer as pessoas em questão que vale investir seu tempo nessa empreitada. Eis as formas de motivar os outros a fazer coaching:

1. Fazer primeiro coaching você mesmo.
2. Distribuir literatura sobre o assunto.
3. Divulgar outros casos de sucesso.
4. Colocar as pessoas em contato com o "campeão de causa" de coaching na organização.

Como Chegar a Ser Coach para Altos Executivos?

Há diversos caminhos para se chegar a ser coach para altos executivos. O mais clássico é via consultoria. O profissional de consultoria, nas suas atividades profissionais, desenvolve uma visão ampla de aspectos organizacionais e de gestão. Quando essa habilidade é percebida pela organização contratante, o consultor pode ser chamado para exercer a função de coach.

Algumas empresas contratam executivos aposentados para atuar como coaches. É uma carreira complementar interessante para estes aposentados que têm vontade e capacitação de fazer coaching.

Há, ainda, o caminho via instrutoria de treinamento, onde o instrutor demonstra habilidades de comunicação e, consequentemente, consegue conquistar e impressionar coachees em potencial.

Em todos os casos, treinamento formal nas técnicas de coaching é interessante. Há cursos disponíveis, bem como certificações nacionais e internacionais. Apesar de os elementos *confiança* e *empatia* serem os mais importantes em coaching, um bom conhecimento das técnicas clássicas é altamente aconselhável.

Como é Coaching para Altos Executivos na Prática?

Na prática, cada situação de coaching é peculiar: cada caso é um caso. A seguir, encontram-se relatos de estórias reais que demonstram a grande variedade apresentada em coaching para executivos.

O texto a seguir sobre Edson Bueno foi transcrito do artigo "O Projeto Você" da Revista Você SA de dezembro de 2002.

No fim dos anos 1980, Edson Bueno, presidente do Grupo Amil, possuía vários hospitais e um plano de saúde incipiente. Vendia anualmente 50 milhões de dólares. Seu objetivo era crescer tão rápido quanto possível. A dúvida era: como fazer isso? Bueno encontrou a resposta ao elaborar seus projetos de vida em sessões de coaching com Paul Dinsmore. Pare ele, a iniciativa representou um "ponto de virada" em sua vida e na empresa. No trabalho, de workaholic convicto passou a delegar tarefas. Ganhou tempo para assuntos estratégicos. Na vida, investiu em seu crescimento pessoal: estudou inglês e aprendeu a falar em público, entre outras coisas. O plano elaborado para 1995-2000, por exemplo, previa ações na empresa e na vida pessoal. Como empresário, seu principal objetivo era desenvolver outras pessoas. Para isso, alinhavou 23 ações para cinco anos. No lado pessoal, decidiu investir no autodesenvolvimento. As ações para atingir essa meta foram divididas em estudos culturais, habilidades para compreender o ser humano, manutenção do corpo, idiomas, imagem, família, relação com o universo e lançamento de um livro nos Estados Unidos. O plano chega a tal nível de detalhe que prevê estudos de filosofia para melhorar sua relação com o universo. Bueno atribui muito de seu sucesso a seu plano de vida. Seus negócios hoje alcançam U$S 1 bilhão por ano. Ele acredita tanto no conceito que o difundiu entre seus executivos. "Não podemos deixar as coisas ao acaso. Devemos estar preparados para agarrar as chances", diz. "Você tem de olhar para o curto prazo, mas sua visão de longo prazo é que vai dizer aonde você quer chegar."

O caso de Edson teve um impacto forte nele mesmo, bem como um efeito multiplicador substancial na sua empresa. Um outro caso de coaching na prática trata de uma empresária de sucesso que se encontrava em uma fase de transição. O foco de Ângela Leal era de redirecionar o foco de suas atividades profissionais e pessoais.

Ângela Baptista Leal é sócia da empresa Estilo Profissional, uma empresa de consultoria localizada em Recife, com 40 consultores, especializada em assessoria empresarial, diagnóstico e desenvolvimento, incluindo redefinição profissional. Ela participou em um evento em São Paulo em maio de 2003 chamado de Career Fair, *onde se interessou em buscar alguma orientação profissional via coaching.*

Ângela vinha acumulando a parte administrativa da Estilo Profissional também, e começava a se questionar perante os seguintes desafios:

1. *Distinguir entre Ângela e a empresária.*
2. *A empresa está estruturada, mas faltava maior estímulo para crescimento profissional.*
3. *Alterar seus projetos profissionais dedicando-se mais à área de projetos de desenvolvimento.*

A Estrutura Analítica de Ângela Dividiu-se em Cinco Áreas

- Social/Espiritual.
- Familiar/Pessoal/Afetivo.
- Profissional/Financeiro.
- Saúde.
- Lazer.

E ela desenvolveu planos específicos em cada uma dessas áreas.

A avaliação geral segundo Ângela do processo de coaching, passado três anos foi assim:

"O processo realizado com coaching foi o 'pontapé inicial' para grandes mudanças na minha vida. Gostei muito do processo, pois nele refleti sobre meu projeto de vida, aprendi a colocar, no papel, meus objetivos e obtive motivação interior para ir adiante. Foi durante o processo que decidi trabalhar em projetos voltados para pré-aposentadoria. O investimento, tanto financeiro quanto de deslocamento Recife/Rio, foi importante para que eu saísse da mesmice".

Em função do coaching executivo, ela obteve diversos resultados.

1. *Elaborou o projeto Vida Nova, com o qual vem obtendo retornos positivos inclusive realização e reconhecimento.*
2. *Fez o curso de coaching integrado e passou por outro processo de coaching com outro consultor. Isso ajudou na sistematização e na adaptação de recursos técnicos para o projeto.*
3. *Decidiu e alterou, junto com a sócia, a participação na empresa. Ficou com os projetos de desenvolvimento e saiu da parte de diagnóstico.*
4. *Aprendeu a planejar melhor.*
5. *Sentiu-se realizada com o que faz e tem muitos projetos para realizar.*

Passados quatro anos, Ângela retomou sessões de coaching periódicas, de dois em dois meses, visando a fazer manutenção e reajustes em alguns dos seus planos.

Outro caso de coaching para o empresário Elcio em fase de transição acabou apoiando o cliente na sua de decisão de conciliar seus negócios no Brasil, com a vontade de ter uma experiência no exterior.

Elcio Zanatta procurou coaching executivo com o seguinte propósito: "Repensar o rumo atual e buscar novo rumo (achar a direção profissional)". Empresário bem-sucedido, ele também dava aula em curso de MBA, com base nos seus estudos em Stanford na Califórnia e no IMD na Suíça. Além disso, trabalhava como facilitador em cursos de gestão de Franklin Covey.

A Estrutura Analítica da Vida de Elcio Englobava

- Corpo (corpo físico e corpo carreira e finanças).
- Intelecto.
- Coração.
- Alma.

E ele vinha trabalhando diversos projetos em cada uma dessas áreas.

As opções profissionais já levantadas por Elcio que seriam avaliadas ao longo do coaching foram:

1. *CEO (da empresa de confecções, ou em ramo de educação escola, ou em empresa de consultoria).*
2. *Consultor de Gestão (em São Paulo, ou nos Estados Unidos).*
3. *Investment banking.*
4. *Analista internacional/investimentos.*
5. *Especialista em Planejamento Estratégico.*

Ficou claro nas sessões iniciais com Elcio que ele estava em um ponto de decisão, que envolveria mudança substanciais, inclusive de ramo e até de país. Fizemos o processo convencional de coaching para executivos. Chegamos a afunilar as opções, mas ainda faltava o passo final da tomada de decisão. Boa parte da análise clássica já havia sido feita por Elcio. Ele desejava uma orientação concreta, consequentemente as sessões foram orientadas para apoiá-lo na tomada de decisão, que acabou sendo direcionada para uma mudança para o exterior.

Resumo

Empreendedores e altos executivos são conhecidos pelas suas características excepcionais de inteligência, perspicácia e determinação; no entanto, em muitos casos, eles carecem de alguém isento de interesses para testar ideias. Quanto mais elevada for a responsabilidade da pessoa que recebe o coaching, maior será o benefício para a organização, é aí que entra a figura do coach externo, figura essa que precisa ter um perfil especial para apoiar e ser um facilitador junto ao executivo. Há diversas abordagens possíveis: modelo clássico PBC, modelo atalho via SWOT, modelo intuitivo e modelo decisório. Os tipos diferentes de executivos ("chefão", o falante, o impaciente e o gentil articulador) exigem abordagens diferentes. Liderança é o foco clássico para o coaching com o pessoal do topo. O executivo pode-se beneficiar do processo de coaching de mais de duas formas: coaching para si e coaching para os outros da sua área de responsabilidade. Pode-se chegar a ser coach para altos executivos via diversos caminhos, a saber: como consultor, como executivo aposentado e via instrutoria. Em todos os casos, treinamento formal nas técnicas de coaching é interessante.

9

Coaching × Mentoração: Qual é o mais Eficaz?

A diferença entre o mentor e o coach é, ao mesmo tempo, clara e ambígua. Apesar de ambos terem a ver com ajudar as pessoas, há uma distinção nos respectivos papéis. Claramente, o coach é alguém que tem condições de orientar o coachee com toda isenção, portanto, via de regra, é uma pessoa externa à organização. Por outro lado, o mentor orienta o seu mentorado, compartilhando experiências, conhecimento e valores comuns, mas pertence ao quadro da organização.

O papel do mentor, que acumula esse papel junto às suas responsabilidades principais na organização, é de passar conhecimentos para outra pessoa com menor vivência e conhecimento. Isso significa orientar o mentorado em seu processo de aprendizagem e desenvolvimento, sempre em coerência com seu papel e potencial na organização. Mentoração, portanto, é um processo contínuo visando a desenvolver o potencial de profissionais escolhidos (mentorados) através da transferência de conhecimento e *know-how* de profissionais mais experientes (mentores).

Na Fronteira entre Coaching e Mentoração

"Como estender o sucesso do coaching ao quadro gerencial e a outros profissionais na empresa?"

Essa é a pergunta do executivo que fica sensibilizado com o coaching que recebeu, e imagina multiplicar o efeito através de um programa maior. Como, então, atender a essa vontade? Dá para fazer coaching em massa?

> *Um coach ou um time de coaches externos podem atender a um certo número de coachees em uma organização. Mas mesmo que haja muita predisposição por parte da empresa em relação ao coaching, há limites em termos do seu alcance. Afinal, a premissa do coaching é baseada na relação coach-coachee, ou seja, através da interação um a um.*

Já que o coach consciente sempre age em prol da organização que o contrata, cabe a ele ajudar encontrar a melhor maneira de estender a prática de facilitar a passagem de conhecimento e *know-how* para outros membros da organização. Uma das boas soluções para criar o efeito multiplicador desejado é a mentoração.

Os fatores que favorecem a implementação de um programa de mentoração como substituto ou complemento do coaching incluem:

- *Economia. Coaching externo gera custo para a organização, ao passo que o custo de mentoração é em boa parte embutido nos custos operacionais da organização.*
- *Cultura. O mentor tem conhecimentos sobre a organização e, consequentemente, sabe respeitar as peculiaridades da cultura reinante.*
- *Know-how. A mentoracão conta com o know-how, ou conhecimento próprio do ramo da organização, facilitando o diálogo entre mentor e mentorado.*
- *Cumplicidade. Sessões de mentoração criam ambiente favorecendo cumplicidade entre as partes, assim gerando sinergia permanente que redunda em maior produtividade para a organização.*

Mentoração na Promon

A empresa de engenharia e tecnologia Promon implementou e vem mantendo um programa de mentoração desde 1995. O programa visa ao desenvolvimento, no médio e longo prazos, de todos os profissionais da organização, respeitando as estratégias de negócios da empresa, as diretrizes das unidades e os interesses individuais. Enfatiza o fortalecimento do processo de comunicação entre os profissionais, a orientação individualizada, com foco no presente e no futuro, estimula a disseminação do conhecimento e a troca constante de informações, bem como o exercício constante do feedback.

Anualmente, o programa da Promon passa pelo seguinte ciclo:

- A organização define a lista de profissionais aptos a exercerem o papel de mentor, segundo perfil específico.
- Com base nessa lista, cada profissional pode escolher o seu mentor.
- Os mentores e mentorados participam de treinamento que aborda o programa, sua importância, os papéis envolvidos e a melhor forma de realizar todo o processo.
- Acompanhamento de RH, que ao final do ano aplica pesquisa de satisfação do programa para implantação de melhorias para o próximo ciclo.

É no programa de mentoração que o mentorado, com o apoio de seu mentor, pode analisar sua trajetória profissional, identificar seus pontos fortes e oportunidades de melhoria, e discutir ações que, além do autodesenvolvimento, visam ao melhor aproveitamento de seu potencial de acordo com as estratégias da organização. O programa de mentoração também tem possibilitado que a Promon execute o planejamento de transferência do conhecimento dos profissionais seniores para os profissionais menos experientes, apoiando o desenvolvimento e o crescimento profissional destes.

Obstáculos também são encontrados na mentoração, como, por exemplo, os mentores podem-se sobrecarregar tendo que exercer a sua função e o papel de mentor. Por isso, o RH da Promon estabelece que cada mentor tenha, no máximo, seis mentorados. Um outro obstáculo é que o mentorado pode confundir a relação e buscar no mentor um apoio para suas dificuldades pessoais. Por isso, o mentor tem de ser treinado a lidar com situações que estejam na área de intersecção (interesses pessoais x interesses estratégicos da empresa).

Nas palavras de Márcia Fernandes, diretora de RH da Promon: "Nossa avaliação da eficácia do programa é que ele é um diferencial no plano de desenvolvimento dos profissionais, destacando-se os seguintes aspectos:

1. *Proatividade.* O programa de mentoração se insere no processo de orientação e desenvolvimento dos profissionais e contribui com a identificação de talentos e formação de novos líderes na Promon.

2. *Refinamento.* O mentor, mesmo identificado com perfil adequado para esse papel, passa por treinamento específico e só exerce esse papel se realmente estiver confortável para essa função.

3. *Inovação.* Envolve aspectos de carreira, privilegia o desenvolvimento e o progresso gradual e não guarda relação direta com hierarquia.

4. *Integração.* Compartilhamento de conhecimentos, capacitação e desenvolvimento."

Logo, quando o propósito da empresa, como no caso da Promon, é atingir um número grande do quadro gerencial e profissional, vale articular um programa de mentoração voltado especificamente a esse objetivo.

Um pré-requisito para um programa de mentoração é a figura do *sponsor* do programa. O *sponsor*, também conhecido como patrocinador ou campeão da causa, é quem faz o movimento político para introduzir o programa na organização. Pode ser o diretor de RH, ou outro alto executivo que tem forte convicção sobre o valor do conceito. O movimento também pode ser iniciado em outros níveis, mas o sucesso do programa depende da sensibilização de alguém em nível executivo para dar cobertura à iniciativa.

O Coach como Apoio ao Programa de Mentoração

O coach que se vê inserido em um cenário onde há vontade de a empresa aplicar conceitos de coaching em larga escala pode-se posicionar de duas formas. Pode simplesmente continuar fazendo coaching em níveis específicos, conforme necessidades específicas da organização. Ou, alternativamente, pode assumir uma postura de facilitador, ajudando a organização a articular um programa de mentoração, voltado a complementar e a multiplicar o esforço de coaching em andamento. Em seguida, descrevem-se os critérios necessários para implementar um programa de mentoração.

A Venda do Programa

Para acontecer, o programa de mentoração precisa ser comprado por alguém. O processo decisório desse tipo de programa, no entanto, envolve várias pessoas. Em casos raros, o comprador será um único executivo com autoridade e influência suficientes para tomar tal decisão. Logo, a decisão normalmente dependerá de diversos *stakeholders* que são as pessoas que sofrerão o impacto do programa. Como exemplo, pode ser necessário chegar a um consenso entre o diretor de RH, o gerente de treinamento, o superintendente de uma unidade operacional, o gerente de qualidade e a diretoria financeira.

Logo, a venda, ou seja, o convencimento dos decisores principais, inclui os seguintes itens:

- Um plano convincente, incluindo descrição de etapas, prazos e recursos requeridos.
- Benefícios do programa, que abrange a exposição do aumento de produtividade prevista para empresa.
- Processo decisório, que inclui a identificação e o plano estratégico para influenciar os decisores principais.

Uma vez realizada a venda, há passos para preparar o programa e implementá-lo, que são relacionados a seguir.

A Preparação e Implementação

Mentoração eficaz na organização acontece em função da preparação e da implementação do programa. Eis as iniciativas necessárias para garantir que o programa redunda em resultados que beneficiam tanto o mentorado, quanto o mentor e a organização que promove o movimento.

Manual de mentoração. O manual inclui todas as informações e critérios relativos ao programa de mentoração. É a fonte de orientação e de respostas para dúvidas sobre o programa. Os itens contidos em um bom manual de mentoração incluem: objetivos, definições, organização do programa, responsáveis pela administração do programa, benefícios esperados, metodologias, *templates*, sessões de mentoração, guia para mentores, guia para mentorados.

Critérios para a escolha de mentores e mentorados. Quem serão os mentores? Quem serão os mentorados? A eficácia do programa depende da habilidade de a organização escolher os mentores certos e os mentorados certos. Cabe ao gerente do programa buscar consenso em torno dos critérios que podem incluir: posição hierárquica, posição estratégica, potencial de crescimento e necessidades futuras.

Projeto piloto. A preparação engloba a experiência de mentoração via um projeto-piloto. Uma unidade ou área da empresa é escolhida para testar o programa. Uma vez realizado o projeto-piloto, a avaliação é feita, ajustes são feitos e o programa é formalmente lançado.

Lançamento formal do programa. Após os ajustes com base no projeto-piloto, o programa é lançado. Inicialmente, a base política é consolidada. Em seguida, é lançada uma campanha de *endomarketing* visando a criar abertura para as iniciativas, utilizando os sucessos do projeto-piloto.

Treinamento. Já que é pouco provável que os mentores e os mentorados escolhidos pratiquem naturalmente todas as posturas desejáveis de mentoração, há necessidade de realizar treinamento para apresentar técnicas, desenvolver habilidades e alinhar expectativas:

- *Treinamento para mentores.* Um bom mentor tem características especiais. Sabe estimular o mentorado a crescer e a entender seu potencial e limites, ouve com interesse e empatia, ajuda o mentorado a organizar seus planos de desenvolvimento e o ajuda a projetar um trajetória profissional coerente com os objetivos estratégicos da empresa. Ao mesmo tempo, o bom mentor evita comportamentos que prejudicam o crescimento do mentorado, como: criticar, dar conselhos ou decidir pelo mentorado. O treinamento inclui uma revisão de todas essas características e inclui *role playing*.

- *Treinamento para mentorados.* O mentorado ideal também tem características especiais. É um bom ouvinte; coloca-se com transparência em relação aos seus planos, expectativas e sonhos; cumpre o que está sendo combinado em relação ao desenvolvimento; solicita esclarecimentos e exemplos do mentor; reconhece seus pontos fortes e busca aproveitá-los da melhor forma; está consciente dos seus pontos fracos e age para melhorá-los.

A Mentoração em si

Mentoração consiste em uma série de sessões entre mentor e mentorado. O planejamento antecede cada sessão, tanto por parte do mentor quanto por parte do mentorado, em função da necessidade de levantar informações, preparar estratégias e fazer análise. Alguns pontos a serem lembrados na fase de preparação incluem as perguntas a seguir.

O mentor eficaz se pergunta: Quem é o mentorado? Qual o momento do mentorado? Quais informações devo levar? Como pretendo levar essa sessão?

O bom mentorado, por sua vez, faz reflexão prévia sobre sua carreira e sobre suas características principais. Também leva para a sessão suas expectativas e suas dúvidas sobre seu próprio desenvolvimento.

As sessões em si são lideradas pelo mentor que inicia o diálogo criando um clima propício e fazendo uma transição para alinhar expectativas. A meta da mentoração é de desenvolver planos de ação, firmar compromisso e acompanhar o progresso do mentorado em relação aos seus planos.

Uma abordagem clássica em mentoração é o uso do instrumento SWOT (sigla em inglês para pontos fortes, pontos fracos, oportunidades e ameaças), descrito no Capítulo 8 – Empreendedores e Executivos: Como Fazer Coaching nesse Nível? Uma vez estabelecido o clima inicial, o uso do modelo SWOT permite reconhecer de imediato as qualidades existentes no mentorado e, ao mesmo tempo, torna transparente os aspectos que precisam ser trabalhados.

Qual a frequência de sessões de mentoração? Aconselham-se quatro sessões ao longo de quatro meses inicialmente. No final desse período, avalia-se a frequência que poderá ser espaçada para bimestral ou trimestral, dependendo do consenso entre as partes. Algumas mentorações duram apenas o período mínimo indicado no programa, ao passo que outras permanecem ao longo de anos. Ou seja, a relação mentor-mentorado é semelhante à relação do amor descrito pelo poeta Vinicius de Moraes: é *eterno enquanto dura*.

Resumo

Apesar das semelhanças entre coaching e mentoração (ajudar as pessoas), os focos são distintos. O coaching dentro do contexto corporativo visa a dar apoio a questões específicas e busca facilitar o processo decisório do seu coachee no que diz respeito a questões estratégicas ou específicas. O mentor tem a tarefa de apoiar e orientar seu mentorado visando a desenvolver sua capacidade e sua habilidade dentro da cultura e dos propósitos da organização.

O posicionamento do coach profissional e ético no ambiente corporativo é defender o conceito de coaching externo para situações específicas, particularmente nos escalões mais elevados e, em paralelo, apoiar o movimento de mentoração quando o objetivo é promover o desenvolvimento do quadro gerencial e profissional em grande escala. Assim, o coach mantém seu foco no trabalho customizado de coaching e, ao mesmo tempo, apoia a organização no seu esforço de desenvolver gerentes e profissionais através do *mentoring*. Para o contexto corporativo, o coach consciente busca a melhor solução para a organização, e a abordagem coaching-mentoração sempre será uma solução saudável, que beneficiará todas as partes.

10

Adolescentes: Dois Casos Distintos

Coaching para adolescentes representa uma rara oportunidade e, ao mesmo tempo, um forte desafio.

A oportunidade consiste no momento especial que o adolescente passa. Ele já possui formação e valores básicos, mas ainda tem a vida toda pela frente. Tudo que pode ser aprendido nessa fase agrega valor às outras etapas que enfrentará. O adolescente conscientizado saberá lidar inteligentemente com os obstáculos futuros, deixando de cometer erros que atrapalharam seus pais.

Por outro lado, a fase da adolescência é a de questionamento, e, em alguns casos, até de rebeldia. Ideias e boas intenções propostas pelos pais podem ser percebidas como posturas autoritárias ou imposições. A síndrome "sei tudo" se instala em alguns *adolescentes*, fechando a porta para prosseguir no caminho de coaching.

Se não houver clima ou oportunidade no momento de fazer coaching com o adolescente, há outras opções que podem agregar valor ao seu crescimento como cidadão e ser humano, por exemplo: grupos de interesse escolares, colônias de férias, esportes e leituras.

Se essas atividades ainda não entusiasmarem o adolescente em questão, cabe aos pais ter paciência. Pode ser uma questão de momento inadequado, sendo necessário aguardar uma idade de maior maturidade. E alguns adolescentes preferem aprender o caminho da vida por si só, sem maiores orientações ou interferências dos pais. Cabe aos pais, no caso, abastecê-los com muito amor.

Neste capítulo, apresentam-se dois casos distintos de coaching com seus respectivos impactos em adolescentes. Um refere-se a um programa de desenvolvimento de jovens que nasceu a partir de coaching com um empreendedor. O outro descreve detalhadamente um processo de coaching feito com o filho de um coach, que é pai do adolescente.

Caso 1. O Efeito Multiplicador em Adolescentes de Coaching Feito com um Empreendedor

Coaching com adultos pode provocar frutos que redundam em benefícios para adolescentes. Isso pode resultar de reflexões do coachee sobre suas posturas comportamentais, que, por sua vez, acabam melhorando o relacionamento com jovens filhos.

No caso do Edson Bueno, presidente do Grupo Amil, já citado neste livro, o efeito do seu coaching foi muito além dos seus próprios filhos. Sensibilizado pelo impacto que o coaching teve na sua vida, ele se perguntou como passar esse tipo de ensinamento para um grupo grande de jovens, especificamente, aos filhos dos colaboradores do Grupo Amil de assistência médica. Eis a descrição do programa que foi iniciado pelo empreendedor Edson após sua própria experiência com coaching.

O Programa Jovem VIP – Visão, Inspiração e Pensamento Positivo, surgiu da ideia do Bueno, em 1992. Baseada em sua experiência pessoal e nas origens humildes em que teve que "lutar muito para vencer", ele idealizou um programa focado na importância de o ser humano acreditar em um futuro melhor e "transformar com atitude" seu momento atual em um amanhã promissor. Em suas palestras de abertura do Jovem VIP, ele propaga que essa transformação só ocorre com muita dedicação, com estudo, com trabalho árduo, paixão pelo ser humano, com gratidão e com conhecimento e pela busca da informação.

Criado primeiramente para filhos dos colaboradores em 1992, o programa foi ampliado em 1998 para atender aos filhos de médicos credenciados da rede Amil, e já foram alcançados mais de 4.000 jovens. O Programa Jovem VIP, totalmente gratuito, inicia-se com um fim de semana em hotel localizado no eixo RJ e SP, em um ambiente voltado para o adolescente. As atividades são planejadas por psicólogas, pedagogas. A estrutura do programa inclui atividades lúdicas e reflexivas e conta com excelente qualidade em termos de alimentação, hospedagem e brindes.

O evento se concentra no estímulo ao jovem a planejar seu futuro. Faz parte do programa a elaboração do planejamento, que proporciona o momento para o jovem firmar compromissos e refletir como conquistá-los. O programa contempla palestras, gincanas, vídeos motivacionais e atividades situacionais em que são feitas analogias entre conceitos e prática. As atividades variam desde o Arqueirismo (arco e flecha) até o teal® (Treinamento experencial ao ar livre).

Após a participação no seminário, o jovem adquire o direito à continuidade do programa, que contempla outros desdobramentos, como: palestras diversificadas extensivas aos familiares, visitas às empresas e acesso livre ao Núcleo de Conhecimento da Amil.

O programa Jovem VIP vem tendo enorme impacto na vida dos jovens que participaram. Ajudou a planejar carreiras, a estreitar relacionamentos com pais e a firmar caráter. E tudo isso partiu de uma série de sessões de coaching com um empreendedor visionário e de sensibilidade social.

Caso 2. Coaching de Pai para Filho

O coaching feito por Paul Dinsmore junto ao seu filho Marcello foi documentado no livro *Marcello: The Harvest is Forever*. O processo que ocorreu quando Marcello tinha entre 15 a 17 anos é relatado. No caso, o impacto do coaching foi individual, isto é, a relação foi diretamente entre coach e coachee. Eis o texto sobre o processo de coaching conforme descrito no livro:

> *Foi um momento mágico – e de grande felicidade. Olhei para Marcello, na época com 15 anos, e me sentia orgulhoso e maravilhado, como um pai tem o direito de se sentir. Ele havia crescido e chegara à marca de 1,71 cm de altura. Jogava futebol no time do colégio, o* high school *nos Estados Unidos, e vinha sendo cotado pelo Programa de Preparação para as Olimpíadas para integrar o time norte-americano sub-17 de futebol visando os Jogos Olímpicos. Na escola, suas notas eram excelentes. Era popular, tinha muitos amigos, não fumava, nem bebia ou consumia drogas. Conservava seu jeito de menino, embora suas feições já fossem de rapaz, que chamava a atenção das meninas.*
>
> *Marcello tinha um carisma discreto, que fazia com que as pessoas quisessem ficar perto dele. O motivo talvez fosse seu sorriso tímido e caloroso, ou o interesse que demonstrava pelas pessoas, que se transmitiam através seus olhos castanhos traçados de mel. As pessoas se aproximavam dele, como se soubessem que ali havia um porto seguro – alguém que iria ouvi-los e entendê-los. O telefone de sua casa, no estado de Tennessee, tocava incessantemente. Havia sempre alguém querendo falar com ele.*
>
> *Durante esse momento mágico, quando percebi que Marcello se encaminhava a passos largos para se tornar um adulto, tivemos uma conversa que viria a influenciar sua vida dali por diante. Eu o visitava frequentemente nos Estados Unidos, a partir da minha residência no Rio de Janeiro. Era o mês de maio de 1995, e eu passava alguns dias na cidade de Bristol com ele, com seu irmão mais velho Rodrigo e com minha ex-mulher Vera. Marcello era aberto a novas ideias e a novas teorias, e ficou curioso quando lhe falei sobre técnicas de autoajuda utilizadas por muitos adultos. Lembro-me perfeitamente da conversa que tivemos naquele dia:*
>
> *Quando falei sobre técnicas de planejamento de vida ele respondeu: "Legal, pai. Que tal me mostrar como a coisa funciona? Podemos experimentar agora?"*
>
> – *"Claro. Pegue um papel e comece a pensar sobre as grandes áreas de sua vida. Se você as dividisse em partes menores, como seria?"*
> – *"Como assim?"*
> – *"Isso pode ser feito de muitas formas. Por exemplo, vida profissional e vida pessoal é uma forma de subdividir a vida. Você também pode pensar nos aspectos: físico, espiritual, intelectual e emocional. O modelo precisa fazer sentido para você."*

Após alguma ponderação, ele se decidiu por quatro categorias que acreditava que formarem sua vida: profissão, *hobbies*, autodesenvolvimento e relacionamentos. Em seguida, ele subdividiu cada uma das áreas da seguinte forma:

1. Profissão: arquitetura e futebol.
2. *Hobbies:* futebol, arte, golfe, tênis, esquiar, tocar guitarra e cantar.
3. Autodesenvolvimento: clubes, acampamentos, ouvir fitas de autoajuda inspiradoras, escrever e fazer cursos.
4. Relacionamentos: família, vida social e namorada.

Marcello criou esse primeiro plano ao ingressar no Ensino Médio. Algum tempo depois, escreveu tudo em um quadro-negro e o pendurou na parede do quarto. Futebol aparecia duas vezes no quadro de Marcello, tanto como profissão quanto como *hobby*. Ele queria continuar jogando por divertimento, mas também estava determinado a jogar profissionalmente.

Como próximo passo no planejamento de sua vida, determinou "metas e ações específicas". Fez algumas anotações do tipo "coletar informações sobre universidades que investem em futebol, manter notas altas no colégio, começar aulas de golfe, escolher universidades para jogar futebol e investir em meus relacionamentos".

Algum tempo depois, quando veio morar comigo no Rio por um semestre, Marcello atualizou seu plano de vida. Eu o ajudei com um exercício para criar foco para suas metas: escreva suas missão em três minutos e depois, em dois minutos, escreva metas no curto e no longo prazos. Ele, então, escreveu seus planos em quatro folhas de papel e desenhou pequenas caricaturas nos cantos, como gostava de fazer. Inicialmente, Marcello escreveu a Missão assim:

> *"Minha missão na vida compreende vários aspectos. Um deles é ser o mais feliz possível. Quero aprender o máximo sobre felicidade e sobre 'viver a vida com propósito'. Quero me tornar alguém que as pessoas procuram quando precisam de ajuda. Quero crescer espiritualmente e me aproximar de Deus, que acredito ser não apenas o criador do universo como Aquele que conhece nossa Missão de vida (e que também pode me mostrar o que é felicidade e o que é uma vida com propósito). Acredito que esses aspectos exprimem, de modo geral, o que desejo para minha vida".*

Sua Missão refletia sua essência: embora ele fosse reconhecido principalmente como atleta – alguém que comia, bebia e dormia futebol – sua Missão de vida não mencionava o esporte, mas realçava "viver a vida com propósito" e enfatizava seu crescimento espiritual que o aproximaria de Deus. Tanto o futebol quanto seus outros interesses surgiram depois, ao escrever seus objetivos.

Completada sua Missão de vida ele disse: "Foi razoavelmente fácil fazer isso, mas não tão fácil como eu achava que seria. Tive que pensar bastante a fim de ter certeza de que estava incluindo tudo, mas a maioria das coisas que mencionei era óbvia para mim".

– "Tudo bem, agora vamos ver o que você quer para sua vida. É preciso planejar para três períodos diferentes começando com os planos para os próximos seis meses. Está pronto?"

Ele concordou e escreveu os objetivos listados a seguir.
Meus objetivos para os próximos seis meses:

- Integrar o time nacional sub-18 e ser um dos jogadores principais.
- Treinar em um time profissional no Brasil na minha faixa de idade, pelo menos durante um período; por exemplo, Flamengo, Vasco, Fluminense.
- Manter minhas notas no colégio em um nível que me deixe satisfeito.
- Continuar crescendo espiritualmente.
- Divertir-me!

"Terminei." Obviamente tudo já estava organizado em sua cabeça.
"Ótimo. Agora você tem que fazer planos para mais adiante. Pense em suas metas para os próximos três anos."
E ele escreveu.
Meus objetivos para os próximos três anos:

- Jogar na Copa do Mundo de Juniores em 1999.
- Estar jogando em um time universitário da Primeira Divisão nos Estados Unidos e estar me preparando para uma carreira profissional de futebol.
- Formar-me do *high school* com excelentes notas.
- Crescer espiritualmente através da leitura de livros, de música e de relacionamentos.

Ele comentou: "Nunca havia feito planos para um futuro tão distante. Foi legal. Não acredito que consiga ir muito além disso. Olhar para um futuro muito distante me parece estar dando uma espiada na Eternidade".
– "Tudo bem, mas tente assim mesmo. Pense em seus planos para os próximos sete anos."
Ele analisou suas anotações e escreveu.
Meus objetivos para os próximos sete anos:

- Atingir tudo o que já foi definido como meus objetivos de seis meses e de três anos.
- Estar jogando futebol profissionalmente em algum lugar.
- Jogar em uma Copa do Mundo.
- Continuar no caminho de me tornar uma "um ser humano melhor" através do crescimento espiritual.
- Ser feliz e continuar me divertindo!"

No Natal de 1997, em Bristol, quando analisamos novamente seus planos, ele comentou: "Incrível! Tudo o que planejei está acontecendo".

À medida que conversávamos, aconteceu outro "momento mágico". Percebi que Marcello estava se desenvolvendo em todas as áreas de sua vida! Ele havia crescido e o corpo dele estava mais desenvolvido. Emanava confiança e um profundo amor pela vida, e estava colhendo os frutos de seus planos. Havia alcançado todos os objetivos de seis meses, e estava no caminho de alcançar suas metas de três anos. Figurava entre o seleto grupo dos 20 jogadores do time sub-18 da seleção nacional norte-americana. Havia treinado durante quatro meses no Rio de Janeiro no time dos juniores do Vasco da Gama. Tirava boas notas em quase todas as matérias. Crescia espiritualmente e se divertia enormemente com tudo o que realizava, vivendo a vida de forma completa. Recebeu ofertas de bolsa de estudos especial para atleta de cinco faculdades americanas que possuíam importantes programas de futebol. Além disso, recebeu Certificado da Câmara de Deputados do Estado de Tennessee em reconhecimento da sua condição de atleta excepcional, excelente estudante e por ter sido escolhido integrante da seleção nacional do time sub-18.

O caso do Marcello demonstra como pode ser eficaz um processo de coaching, quando o adolescente tem abertura e predisposição de apreender e crescer. É claro que os feitos do Marcello, ou qualquer outro jovem predisposto, tem a ver com suas próprias características e, portanto, merecem todo o mérito. O coaching, no entanto, serve de estímulo e de orientação para que o jovem possa alcançar seus sonhos.

Resumo

Adolescentes passam por um período muito especial já que possuem formação e valores básicos, mas ainda têm a vida toda pela frente. O adolescente que consegue posicionar-se perante as questões básicas da vida nessa fase terá maior chance de lidar inteligentemente com os obstáculos futuros. Existe, no entanto, a possibilidade de o adolescente se encontrar em uma fase de questionamento ou até de rebeldia. Quando isso acontece, é preciso aguardar o momento certo para propor um trabalho de coaching junto ao adolescente.

Os dois casos de coaching apresentados são distintos. Um se refere a um programa de jovens que nasceu a partir de coaching com um empreendedor, em que o efeito foi muito além dos seus próprios filhos. O outro caso descreve detalhadamente um processo de coaching feito com o filho de um coach, em que houve abertura e predisposição para aprender e crescer.

11 Comunicação: O Que Todo Coachee Precisa Saber

Uma das abordagens complementares de coaching é a da linha mestra que permeia as conversas ao longo das sessões. É assim: enquanto se desenvolvem os trabalhos propostos nos capítulos iniciais do livro, fica um tema como pano de fundo que visa facilitar o caminho para chegar aos objetivos almejados. Neste capítulo o tema focado é Comunicação. O texto a seguir fornece subsídios para desenvolver este assunto ao longo das sessões de coaching.

Todo profissional depende da comunicação eficaz para fazer acontecer seus planos e projetos. A comunicação representa um veículo especial que é capaz de transformar boas intenções em realizações. Para quem tem a competência de comunicação desenvolvida, as portas profissionais e pessoais se abrem com facilidade.

Como, então, conquistar a capacidade de se comunicar bem, visando alcançar as metas fixadas em projetos específicos ou até em projeto de vida? Afinal, a comunicação é assunto de abrangência ampla. Ela envolve tanto a habilidade de transmitir informação com clareza como a de interpretar retornos recebidos. E ainda as personagens envolvidas em comunicações são as mais variadas, podendo incluir interações desde conversas a dois, em pequenos grupos ou até para grandes públicos. E os ambientes onde ocorrem as comunicações também são diversos.

A seguir encontram-se os cenários clássicos onde a comunicação representa fator-chave de sucesso:

Intrapessoal. Uma comunicação que ocorre de forma incessante na cabeça dos seres humanos é a intrapessoal, ou seja, a conversa interna. De certa forma, este diálogo interno acaba afetando todas as comunicações, já que este é fortemente influenciado pela formação psíquica da pessoa e pelos valores adquiridos. Técnicas para melhorar a comunicação intrapessoal incluem:

- Autorreflexão.
- Análise com apoio de profissional ou terapias alternativas.

- Levantamento de perfil de personalidade.
- Programa de desenvolvimento.
- Trabalhos de relaxamento e equilíbrio.
- Teatro, cantoria.

A dois. Diariamente estas interações entre duas pessoas ocorrem, muitas vezes de forma informal ou em conversas mais estruturadas. O bom fluir e a objetividade destas interações determinam o andamento dos planos propostos. No caso da comunicação interpessoal, há diversas possibilidades de distorção, inclusive: concepção confusa, linguagem inadequada, ruído no processo, baixa recepção, entendimento incorreto. Técnicas para melhorar a comunicação a dois incluem:

- Entendimento do perfil do outro.
- Uso de abordagens customizadas para pessoas com características diferentes.
- PNL – Programação neurolinguística.
- Desenvolver a arte de ouvir.
- Adequação da linguagem para o bom entendimento da outra parte.

Em grupo. Comunicação em grupo envolve múltiplos canais de comunicação, tornando a tarefa ainda mais desafiante. Se a comunicação entre duas pessoas é repleta de possíveis desvios, a dificuldade de se comunicar em grupo se multiplica. Busca-se nestas comunicações atingir sinergia (2 + 2 = 5), e alinhamento de propósitos. Técnicas para aprimorar a comunicação em grupo incluem:

- Uso de recursos audiovisuais.
- Envolvimento e reconhecimento das partes.
- Trabalhos de integração via seminários e workshops.
- Eventos e atividades sociais.

Entre grupos. A comunicação entre grupos exige cuidados especiais. Afinal, esta interação tende a acontecer através de porta-vozes, que representam os respectivos grupos. Exemplos num contexto organizacional são: comunicação entre prestador de serviços e cliente, ou entre as áreas de produção e financeira. Técnicas para melhorar a comunicação entre grupos incluem:

- Clareza de mensagem.
- Eventos de integração entre grupos.
- Campanhas endomarketing.
- Reuniões periódicas.

Extraorganização. Comunicações fora da organização podem incluir interação com associações, entidades governamentais e acadêmicas. Aqui os contatos podem ser informais em nível de networking, ou, em alguns casos, mais formais, quando a pessoa está atuando como representante da empresa. No contexto pessoal, fora da organização, os contatos tendem a se encaixar nas categorias anteriores. Técnicas para melhorar a comunicação extraorganização incluem:

- Participação em associações e eventos setoriais.
- Inclusão em listas de networking profissional.
- Visibilidade em eventos externos.
- Participação em redes sociais profissionais.

Diferentes Situações Profissionais

Vale lembrar que as comunicações ocorrem em vários contextos temporais e geográficos, e cada situação oferece seu próprio conjunto de desafios. Algumas pistas para lidar com cada uma dessas situações em ambiente organizacional são:

1. *No mesmo instante, no mesmo lugar.* Esses cenários incluem reuniões, apresentações, discussões entre duas pessoas e qualquer outro evento que esteja acontecendo ao vivo e que as partes estejam no mesmo lugar. Para se organizar nesse cenário é necessário utilizar as ferramentas corretas, como recursos eletrônicos e outros audiovisuais, ou os flipcharts convencionais. Um layout funcional que misture a facilidade das comunicações com a privacidade necessária também é uma exigência organizacional, juntamente com salas de conferência bem equipadas, salas de reunião e salas de equipes. Outras necessidades são o treinamento em habilidades de apresentação, gerenciamento de reuniões e habilidades de coaching individual.

2. *Momentos diferentes, locais diferentes.* Esse é o caso de secretárias eletrônicas, e-mail, conferências por computador e similares. Essas ferramentas tornam possível organizar interações apesar do fato de as pessoas estarem geograficamente distantes uma da outra e de enviarem e receberem informações em instantes diferentes. Grande parte do treinamento é *on-the-job*. Algumas regras básicas, no entanto, são importantes: o que pode e o que não pode ser enviado, diretrizes para a resposta e preferências de algumas pessoas por e-mail, ao invés de correio de voz, e vice-versa.

3. *Mesmo instante, locais diferentes.* O telefone há muito nos ajudou a lidar com comunicações em tempo real à distância A videoconferência é outra forma de estreitar a distância. Os desafios neste caso envolvem, na realidade, fazer a conexão com as outras partes e as dificuldades normais do protocolo do telefone. Além da videoconferência ou teleconferência convencional, a comunicação pode acontecer pelo computador via chat ou voz.

4. *Mesmo local, horários diferentes.* Os escritórios em que todos não estão ao mesmo tempo no local são típicos da situação do trabalho em turnos. Embora o local seja o mesmo, as pessoas estão trabalhando em tempo flexível ou com alternância de turnos, ou a natureza do trabalho é tal que as pessoas entram e saem a toda hora do escritório. As ferramentas de comunicação assíncrona são úteis nesse caso (e-mail, correio de voz etc.), pois constituem uma maneira formal de passar informações diariamente (relatório de turnos, bilhetes afixados a um quadro e listas de verificação).

Comunicação Verbal e Não-verbal

Trabalhos realizados na Califórnia em 1967 chegaram a conclusões surpreendentes sobre fatores que influenciam a comunicação. Conhecidos como a regra 7%-38%-55%, baseado nos três elementos de comunicação interpessoal identificados pelo Professor Albert Mehrabian, da UCLA, os estudos concluíram que a influência dos fatores *tom de voz* e *linguagem corporal* são particularmente fortes, representando, respectivamente, impactos de 38% e 55% na comunicação, restando apenas 7% para as palavras, particularmente em situações onde sentimento e atitude são muito relevantes.

Apesar de esta regra ser aplicável num contexto limitado, vale ficar atento aos fatores que influenciam a eficácia da comunicação e procurar desenvolver competências visando melhorar as habilidades, em particular o bom uso da voz e a expressão corporal.

Até que Ponto é Possível Desenvolver Habilidades de Comunicação?

Será que as habilidades de comunicação podem ser desenvolvidas? Ou dependerão de dons ou características de personalidade? Nos trabalhos de *coaching*, parte-se do pressuposto de que sim, habilidades podem ser desenvolvidas e aprimoradas. Basta ter a intenção e determinação para buscar a melhoria em questão. Naturalmente, há pessoas que possuem talentos especiais, que foram abençoadas com habilidades de expressão e de relacionamento. E estas pessoas sempre levarão vantagem em função dos seus dons. Vale ressaltar que mesmo estas pessoas talentosas podem chegar a um patamar mais elevado de competência se quiserem. A seguir, há sugestão para fazer uma autoavaliação.

Autoavaliação de Habilidades de Comunicação

- **Benefícios de melhorar a comunicação.** Relacionar as vantagens de melhorar à habilidade de se comunicar.
- **Os pontos fortes de comunicação.** Listar os pontos fortes. Escrever como aproveitar melhor estes pontos fortes. Fixar metas na aplicação destes pontos.

- **Os pontos a melhorar na comunicação.** Listar os pontos a melhorar. Escrever como melhorar estes pontos. Fixar metas na aplicação destes pontos e traçar planos para fazer a melhoria.

Um plano de ação para fazer um upgrade nas comunicações:

1. Fazer autoavaliação indicada acima.
2. Priorizar foco do trabalho de desenvolvimento.
3. Traçar plano de iniciativas.
4. Definir ações a curto prazo.
5. Fazer avaliação do progresso.
6. Fazer replanejamento.

Conclusões

Aprimorar as habilidades de comunicação garante bons resultados em projetos específicos ou em projetos de vida. No entanto, é fundamental lembrar que a comunicação representa apenas um veículo e não o destino. As habilidades melhoradas de comunicação terão utilidade na medida em que sejam bem aplicadas a projetos específicos com objetivos e metas fixados.

Resumo

A comunicação representa um veículo especial que é capaz de transformar boas intenções em realizações. Há diversos cenários de comunicação onde as habilidades pessoais e profissionais podem ser desenvolvidas, a saber: intrapessoal, a dois (diálogo), em grupo, entre grupos e extraorganização. As comunicações também ocorrem em vários contextos temporais e geográficos, como, por exemplo: no mesmo instante mesmo local; momentos diferentes, locais diferentes; mesmo instante, locais diferentes; mesmo local, horários diferentes. A regra 7%-38%-55% demonstra o impacto substancial de influências "além da palavra", como linguagem corporal e tom de voz. Para melhorar a comunicação, é preciso fazer uma autoavaliação, seguida de um plano e de uma implementação do plano.

Parte II

Temas Complementares por Colaboradores Convidados

12

Gestores de Projeto: Aplicações de Coaching

(Este texto foi extraído e adaptado do *paper* Coaching em Gerenciamento de Projetos de Alonso Mazini Soler e Antonio Cesar Amaru Maximiano.)

Neste trabalho, o foco do processo de coaching é o gestor de projetos atuando como cliente, ou coachee. É inegável o valor de se desenvolver no gestor de projetos sua capacidade de liderança baseada em coaching, ou melhor, fazer com que o gestor de projetos atue como coach de suas equipes multidisciplinares. Entretanto, conhecidos os desafios do ambiente de projetos e a amplitude das competências requeridas do gestor de projetos que nele atua, procuramos enfatizar, prioritariamente, o fortalecimento das competências (características mensuráveis que diferenciam o nível de desempenho de uma pessoa) desse profissional que, uma vez amadurecido apropriadamente, poderá adotar e disseminar esse mesmo modelo de liderança, baseado no aprendizado, sobre seus liderados de projetos. Usando como metáfora o alerta feito pela aeromoça antes da decolagem de cada voo, resolvemos primeiro colocar a "máscara de oxigênio" das competências no gestor de projetos e, depois disso, ele mesmo se encarregará de apoiar os seus liderados.

O programa de coaching em Gerenciamento de Projetos é, portanto, um acelerador de comportamento para o gerente de projetos. Iniciativas de ação e de resposta a estímulos gerados dentro dos projetos, que seriam naturalmente experimentadas ao longo da carreira e do amadurecimento natural do profissional, tendem a ser antecipadas e discutidas, potencializando os resultados de seu trabalho.

Por outro lado, o coaching em Gerenciamento de Projetos não é:

- Uma varinha mágica de solução de problemas de projetos.
- A aplicação de um método de análise e solução de problemas.
- A oferta de conselhos sábios.

- A orientação vocacional para a função de gestor de projetos.
- O direcionamento da ação dos gerentes de projetos para o alcance dos interesses únicos da organização.
- Terapia.

O coaching em Gerenciamento de Projetos não se sobrepõe, ainda, à interação saudável entre o profissional e o seu gerente funcional na busca de relações de aprimoramento de seu desempenho. Trata-se, entretanto, de uma iniciativa complementar ao trabalho de desenvolvimento de pessoal, focada especificamente no alcance de objetivos pragmáticos de sucesso na ocupação da função/papel de gerente de projetos.

Objetivos do Coaching em Gerenciamento de Projetos

Vejamos os objetivos do coaching em Gerenciamento de Projetos sob duas dimensões:

a) Na visão do coachee, o processo será válido para prover uma reflexão compartilhada e embasada acerca de:

- Desempenho real de seus projetos.
- Atitudes corretas a serem tomadas durante o gerenciamento de seus projetos.
- Direções a seguir na solução dos problemas que se apresentarem nos projetos.
- Competências requeridas presentes e ausentes no indivíduo etc.

b) Já na visão da empresa que oferece o coaching para seus gerentes de projetos, é de interesse que, no médio/longo prazos, possa perceber e capitalizar melhorias nas relações:

- Redução do número de projetos nas *red lists* (projetos com desvios em cronograma e orçamento).
- Redução no número de horas sem faturamento.
- Redução no número de reclamações de cliente/escalação executiva.
- Aumento no grau de satisfação de clientes.
- Trato mais apropriado com projetos de risco.

Perfil e Configurações do Coach de Gestores de Projetos

O coaching em gerenciamento de projetos desenvolve-se na relação individual entre um profissional e seu coach. São competências essenciais genéricas de um coach:

- Acessibilidade: ser um bom ouvinte, sensível, agradável e paciente com as ansiedades do seu coachee.
- Estar confortável com a linguagem, com os conceitos e com os desafios do ambiente da gestão de projetos: entender como os gestores de projetos pensam e processam informações; saber usar a linguagem deles e conseguir criar abordagens eficientes e pertinentes para o ambiente.
- Demonstrar empatia para com as deficiências de competências de seus coachees.
- Criatividade: apoiar a formulação de novas ideias, ajudando o coachee a perceber diferentes perspectivas.
- Integridade: ser direto e confiável, apresentando fatos de maneira efetiva.
- Poder intelectual: ter agilidade intelectual e saber lidar com conceitos complexos.
- Sabedoria interpessoal: relacionar-se bem com tipos diferentes de pessoas.
- Sabedoria política: saber manobrar através de situações políticas complexas.
- Autoconhecimento: conhecer suas próprias qualidades, talentos e limitações; saber aprender com os erros e estar aberto a críticas sem ser defensivo.

Quais seriam, então, os candidatos ideais para exercer o papel de coach de gestores de projetos? Sugerimos a escolha de uma entre as cinco configurações possíveis apresentadas a seguir:

1. O próprio gerente funcional do gestor de projetos. Ele teria como vantagem dispor de conhecimento prévio das competências presentes e ausentes de seu funcionário e da evolução de sua carreira profissional. A premissa de sucesso dessa configuração é a de que o gerente funcional dispusesse das competências e atuasse, verdadeiramente, como um *Líder Coach*. Caso contrário, o risco é o surgimento de conflitos de interesse decorrentes de sua responsabilidade maior para com o alcance dos objetivos e metas específicos do departamento, em detrimento da orientação ao desenvolvimento de seu coachee. Dessa forma, o gerente funcional tenderia a atuar mais como um consultor, prescrevendo precisamente ações para superar os obstáculos dos projetos, que como um coach que apoia o aprendizado de seu coachee.

2. O gerente da carteira à qual pertencem os projetos sob a liderança do gestor de projetos. Essa parece uma configuração melhor que a anterior, uma vez que não haveria confusão entre o papel do coach e o do gerente responsável por fazer a avaliação de desempenho anual de seu coachee. Ainda assim, o gerente da carteira também tem responsabilidades específicas e deve prestar contas do desempenho dos projetos de sua carteira. Isso poderia interferir como um possível conflito de interesses e prejudicar a aplicação do processo de coaching.
3. O gerente do Escritório de Projetos. Essa parece uma alternativa adequada para empresas que dispõem de um Escritório de Projetos localizado como uma unidade de consultoria (em oposto a uma unidade de linha – de execução de projetos) no organograma funcional e configurado adequadamente a prestar serviços de suporte aos gestores de projetos. A premissa de sucesso dessa configuração é de que o gerente do Escritório de Projetos dispusesse das competências e atuasse, verdadeiramente, como um *Líder Coach*.
4. Um coach profissional interno, contratado para atuar de modo contínuo com os gestores de projetos. Essa configuração se assemelha, em parte, à configuração anterior, para aquelas empresas que não dispõem de um Escritório de Projetos configurado adequadamente a prestar serviços de suporte aos gestores de projetos em suas demandas. Entretanto, essa configuração tem a vantagem de focalizar o exercício do coaching em um profissional dedicado ao trabalho, isento da obrigação de prestação contas do desempenho dos projetos de seus coachees. A premissa de sucesso dessa configuração é de que esse profissional pudesse entender as características e os desafios do ambiente profissional e das competências requeridas do gerente de projetos.
5. Um coach profissional externo, contratado para atuar de modo esporádico com alguns gestores de projetos da empresa. Recomenda-se essa configuração para empresas que não estão acostumadas ou não atuam frequentemente com o exercício da gestão de projetos e se veem às voltas, esporadicamente, com a condução de alguns projetos de importância para o alcance de seus objetivos estratégicos. Geralmente, os profissionais designados a ocuparem o papel de gestores desses projetos provêm de outras funções específicas e não dispõem das competências requeridas para a condução do trabalho da gestão do projeto. A empresa preocupada com o alcance de seus objetivos poderia, então, contratar esse coach externo para atuar especificamente em apoio ao gerente desses projetos.

Processo de Coaching em Gerenciamento de Projetos

A aplicação prática do processo de coaching segue passos estruturados que visam a construir e a fortalecer as relações de confiança entre o coachee e seu coach de modo a estabelecer um ambiente onde possam florescer novas ideias, haver discussões produtivas, descobrir caminhos e definir posicionamentos acerca das competências dos gestores de projetos. Para tanto, sugerimos a estrutura metodológica abaixo a ser adotada durante o processo.

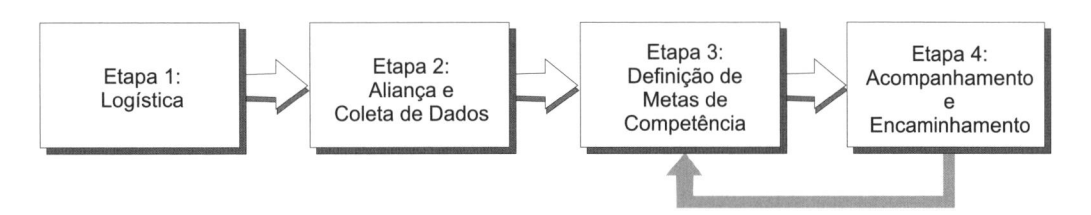

```
Etapa 1:          Etapa 2:          Etapa 3:            Etapa 4:
Logística    →    Aliança e    →    Definição de   →    Acompanhamento
                  Coleta de Dados   Metas de              e
                                    Competência         Encaminhamento
                                         ↑_____|
```

Etapa 1: Logística

Nessa etapa, o coach deve:

- Definir a relação de coachees que farão parte do trabalho.
- Definir a duração do trabalho e o cronograma de encontros.
- Definir o meio através do qual se promoverão os encontros: presencial, telefone etc.
- Agendar trabalho com os coachees.
- Definir o acordo (contrato – no caso de coach externo) de trabalho.

Etapa 2: Aliança e Coleta de Dados

Nessa etapa, o coach deve:

- Explicar os objetivos do trabalho para o coachee.
- Estabelecer um acordo de confiança com o coachee explicando a confidencialidade do processo.
- Procurar entender o coachee segundo o seu modelo mental e adotar um estilo de aplicação do processo de coaching apropriado.
- Solicitar uma reflexão acerca do desempenho dos projetos sob sua gestão, problemas e oportunidades de melhoria visíveis.
- Solicitar uma reflexão acerca de suas competências em comparação com as competências requeridas de um gerente de projetos (Skill Gap Analysis), problemas e oportunidades de melhoria.
- Realizar entrevistas com equipes de projetos e executivos da organização que interagem com o coachee (você poderá fazer uso, por exemplo, de alguma ferramenta de avaliação 360°).
- Levantar o desempenho dos projetos atuais do coachee.

Etapa 3: Definição de Metas de Competência

Nessa etapa, o coach deve:

- Orientar o coachee a definir uma ou mais meta(s) de competência que objetive(m) facilitar o seu trabalho específico em alguns projetos tidos como "projetos-problema" ou que o auxiliem no seu desenvolvimento profissional como um todo na função/papel de gerente de projetos.
- Testar as metas para que sejam SMART (Específicas, Observáveis, Atingíveis, Relevantes e Factíveis no Tempo).
- Orientar o coachee na elaboração de um plano de ação para o desenvolvimento de suas metas.

Etapa 4: Acompanhamento e Encaminhamento

Nessa etapa, o coach deve:

- Monitorar os resultados oriundos da aplicação das ações de encaminhamentos.
- Apoiar o coachee na superação dos obstáculos observados durante a aplicação de seu plano de ação.
- Monitorar o foco do processo de coaching de modo que o trabalho não se distancie da meta acordada.
- Retornar à definição de novas metas de competência (Etapa 3) à medida que o coachee demonstrar aprendizado e proficiência na aplicação das competências trabalhadas.

De qualquer modo, há que se enfatizar que a propriedade de um processo de coaching pertence ao coachee. É ele quem faz a pauta dos encontros da Etapa 4. É ele quem identifica seus pontos de desconforto, incômodo e fraquezas reconhecidos na execução de suas funções como gerente de projetos e que busca desenvolver-se através do processo de coaching. Ao coach cabe a orientação e a condução do processo no foco.

Em suma, o coaching em Gerenciamento de Projetos fundamenta-se na busca da aceleração do desenvolvimento e no amadurecimento do profissional, visando a potencializar e a adiantar os resultados positivos advindos da execução de seus projetos. Trata-se, portanto, de um processo no qual tanto o coachee quanto a empresa patrocinadora conseguem perceber e contabilizar ganhos expressivos.

Uma vez podendo trocar experiências com um coach, o gerente de projetos tem condição de ampliar as alternativas disponíveis em seu "arquivo" de experiências e as possibilidades de ação gerencial de cunho comportamental de modo a potencializar o alcance dos resultados de seus projetos.

> ### Resumo
>
> O programa de coaching em Gerenciamento de Projetos é, portanto, um acelerador de comportamento para o gerente de projetos. Iniciativas de ação e de resposta a estímulos gerados dentro dos projetos, que seriam naturalmente experimentadas ao longo da carreira e do amadurecimento natural do profissional, tendem a ser antecipadas e discutidas, potencializando os resultados de seu trabalho.
>
> A aplicação prática do processo de coaching segue passos estruturados que visam construir e fortalecer as relações de confiança entre o coachee e seu coach de modo a estabelecer um ambiente onde possam florescer novas ideias, haver discussões produtivas, descobrir caminhos e definir posicionamentos acerca das competências dos gestores de projetos.
>
> O coaching em Gerenciamento de Projetos fundamenta-se na busca da aceleração do desenvolvimento e no amadurecimento do profissional, visando a potencializar e a adiantar os resultados positivos advindos da execução de seus projetos. Trata-se, portanto, de um processo no qual tanto o coachee quanto a empresa patrocinadora conseguem perceber e contabilizar ganhos expressivos.

13

Projeto Vida Nova: Coaching na Pré-aposentadoria

Por Maria Angela Neves Baptista Leal.

"É preciso adicionar não só anos à vida, mas vida aos anos."
– *Paim e Almeida Filho*

Introdução

O Projeto Vida Nova surgiu das observações obtidas no atendimento em Redefinição Profissional. Ao longo do tempo, atuando nessa área, foram percebidas situações que chamaram minha atenção:

- **Alguns clientes, embora me procurassem em busca de uma redefinição profissional, na realidade estavam buscando um sentido maior para sua vida como um todo.**
- **Aos poucos, foi surgindo uma nova clientela de profissionais "aposentáveis", tentando descobrir, com a proximidade da aposentadoria, o que e como fazer depois que se aposentassem.**
- **Os programas de aposentadoria existentes nas empresas, mesmo aqueles bem estruturados não visualizam, como deveriam, o efeito emocional que implica esse processo de desligamento.**

Em meados de junho de 2003, a partir da elaboração do meu projeto de vida, com o auxílio de Paul Dinsmore, surgiu a intenção de desenhar um projeto específico para atender a esse público. Para a criação desse projeto, foram observados dois aspectos: se por um lado, essas pessoas que estão próximas de seu desligamento das empresas, por aposentadoria, não sabem o que fazer com a sua vida quando chegado esse momento; por outro lado, trata-se de um público diferenciado, pois são pessoas que já cumpriram um plano de carreira, adquiriram experiência ao longo da vida, solidificaram crenças e valores.

Uma vez que se tratava de um projeto inédito, não havendo parâmetros que o norteasse, o projeto necessitaria passar por um programa-piloto, em uma empresa em que houvesse um programa de aposentadoria bem estruturado.

A empresa escolhida foi a Chesf – Companhia Hidroelétrica do São Francisco, empresa de economia mista, subsidiária da Eletrobras, com 2.500 colaboradores, aproximadamente, lotados em Recife, PE.

O projeto-piloto teve início em outubro de 2003 e término em abril de 2004, atendendo um total de 30 pessoas. A partir de então, a Chesf deu continuidade ao Projeto Vida Nova, passando este a fazer parte do programa PPA.

Objetivos do Projeto

1. Facilitar o autodesenvolvimento através do resgate dos sonhos, da reavaliação das crenças, valores e o autoconhecimento.
2. Minimizar a insegurança decorrente da proximidade da aposentadoria, preparando o indivíduo para o início de uma nova etapa de vida.

Princípios que o Norteiam

Aposentar-se é o começo de uma nova etapa na vida.

Muitas pessoas por temerem a chegada do momento de desligar-se da empresa, embora insatisfeitas e cansadas de fazer as mesmas coisas, protelam suas saídas.

O receio de serem discriminadas e vistas como ociosas e improdutivas bloqueia a visão de novos horizontes, pois não sabem o que será de si a partir do seu afastamento da empresa e desconhecem a sua capacidade de ir além.

O vínculo com a empresa, o "sobrenome" profissional e o convívio com os colegas não podem ser cortados da noite para o dia.

A internalização desse processo leva certo tempo; é preciso respeitar o sofrimento pelas perdas e pelas separações que se aproximam. É um momento delicado que deve ser considerado. Mesmo os que estão na faixa entre 50 e 60 anos de idade, que se sentem com energia vital suficiente, temem o desconhecido.

Para Começar é Preciso Ter um Sonho, Resgatar Crenças e Valores

Todo indivíduo tem sonhos, mas nem sempre ele se permite realizá-los. É fundamental, portanto, que ele entenda que cabe a si o direito de sonhar, sem impor limites a esses sonhos. Sonhar sem limite não significa que todo e qualquer sonho poderá ser realizado, mas permite que o seu coração se abra, tornando mais fácil eleger e priorizar aqueles que são viáveis. Esse processo seletivo acontece através da convicção íntima de cada um (crença) e da importância que é dada a determinada coisa (valor).

O Sonho só se Torna Realidade se For Planejado

É desconcertante reconhecer que o ser humano não é preparado para planejar a sua vida de uma maneira geral, ou melhor, criar objetivos, elaborar ações, superar de maneira "estudada" os obstáculos, determinar prazos, por escrito. As pessoas não costumam fazer com a sua vida o que aprendem a fazer no dia a dia do trabalho.

Planejar e estabelecer metas pautadas nos objetivos faz o sonho deixar de ser intenção para se tornar realidade.

Metodologia

O Projeto Vida Nova: Coaching na pré-aposentadoria tem a duração de, aproximadamente, 12 sessões, divididas em quatro etapas, descritas a seguir.

1ª Etapa: Entrevista Inicial com os Aposentáveis

O foco dessa entrevista é o levantamento de expectativas do participante, a explanação do projeto e o agendamento das sessões.

2ª Etapa: Diagnóstico

Etapa voltada para a coleta de dados e o autoconhecimento do participante.

O levantamento a respeito do participante, como me vejo, em que acredito, o que quero para mim e quais as competências que desejo desenvolver, é realizado através de entrevistas, técnicas de coaching, pesquisas e testes de personalidade.

3ª Etapa: Elaboração do Plano de Ação

Nessa fase, verificamos quais as possibilidades de maximizar o que o participante tem de força interior. Pesquisamos também quais são os pontos que estão lhe impedindo de "ser melhor" e, por fim, que recursos (internos e externos) podem ser utilizados a seu favor.

A partir de então, o participante, que já determinou a sua meta e a forma de superar os obstáculos, estipula os prazos para executar cada meta proposta.

Essa é, sem dúvida, a etapa mais bonita do processo: a oportunidade de ver o renascer de alguém que chegou sentindo-se "um copo vazio", a possibilidade de acompanhar o medo, o "fantasma" da aposentadoria indo embora, testemunhar a convicção do participante de que a aposentadoria lhe trará não só perdas, mas acima de tudo muitos ganhos.

4ª Etapa: Acompanhamento do Plano de Ação

Nessa fase, algumas metas já estão sendo realizadas e outras, por vezes, alteradas. É o momento de reflexão quanto à persistência, à resistência à frustração, à administração de tempo, dentre outros.

O mais importante nessa etapa é a conscientização do participante de que a sua caminhada em direção ao futuro é real, com metas e prazos estabelecidos, não mais um sonho ou um planejamento escrito.

Resultados Esperados e Obtidos

Resultados Esperados

- Evitar que pessoas, em pleno vigor, olhem para o futuro com receio do ócio.
- Proporcionar aos futuros ex-colaboradores das empresas a oportunidade de criar para si uma perspectiva de vida mais útil, dinâmica e prazerosa.
- Formar multiplicadores nas empresas através da capacitação em coaching na pré-aposentadoria.

Resultados Obtidos com o Grupo-Piloto

- 100% consideraram que o objetivo do projeto foi alcançado.
- 87% concentraram esforços no projeto pessoal.
- 77% incluíram projetos sociais em suas metas.

"O projeto de vida que elaborei é um instrumento muito importante para o meu trabalho de aposentadoria. O projeto é um excelente guia para minha preparação visando ao meu desligamento da CHESF e tem-me ajudado muito a reduzir as ansiedades e os receios deste passo tão importante na minha vida. Todos deveriam ter o seu projeto, o que deve constituir-se na construção de um sonho para a próxima etapa de suas vidas." José Mário M. de Araújo – Chesf – PE. Setembro/2005.

"A experiência é muito interessante, pois, na minha opinião, todos somos tementes à mudança, mesmo quando dizemos que estamos preparados. Esse projeto nos ajuda a trabalhar efetivamente nosso projeto de vida, dando-nos a oportunidade de um autoconhecimento; de percebermos nossas áreas de insegurança; de nos certificarmos se o que vislumbramos tem chance de se realizar, dentro do nosso perfil profissional, pessoal etc. E, finalmente,

conseguimos elaborar um projeto bem consciente, pois o apoio e a orientação psicológica recebidos nos oferecem tais condições." Socorro Araújo – Chesf – PE. Setembro/2005.

Resultados Obtidos com Demais Clientes

- A empresa Correios e Telégrafos formou duas turmas de capacitação e, até o momento, tanto os profissionais capacitados em "coaching na pré-aposentadoria" quanto os servidores usuários do projeto mostram-se satisfeitos com o instrumento e os benefícios obtidos.

    "*Bem, a princípio, pensei que fosse um daqueles projetos onde o tempo passa e nada de aproveitável acontece. Mas enganei-me com a ideia inicial. Notei a seriedade do projeto. Sabemos que muito pouco de nós nos preparamos para os dias após aposentadoria (nova vida), e isso é algo que devemos pensar sempre e não de última hora. Pois bem, achei muito boa a técnica de coaching, porém deve ser aplicada aos colegas quando ainda estiver faltando a eles, pelo menos, uma década para aposentar-se, pois irá beneficiá-los na sua tomada de decisão ou correção do seu projeto de vida...*" Sergio Golino – CTCE – Bauru – SP. Publicado pelos Correios, na Regional de São Paulo. Dezembro/2006.

- A demanda crescente de clientes, indicados por pessoas que foram capacitadas ou que se submeteram ao processo, aponta para a eficácia desse projeto.

    "*Meu contato com o curso de coaching para pré-aposentadoria me deu uma oportunidade ímpar de, além de pensar a minha própria aposentadoria, conhecer uma possibilidade para minha nova etapa de vida – o coaching e, mais ainda, colocou-me em contato com clientes que me ajudaram a praticar uma competência que estava me faltando e que estava disposta a desenvolver – a escuta ativa. Para mim, o curso foi, então, tudo o que precisava.*" Carla Chaves – Câmara dos Deputados – DF. Março/2007.

    "*Eu gostaria de compartilhar a minha satisfação em ter participado do curso, coaching na pré-aposentadoria, que você ministrou aqui em Brasília – DF. A ferramenta que você exibiu auxilia não só os clientes, como também o coach, são exercícios fantásticos que possibilitam a estruturação de ideias, o direcionamento e o redirecionamento de pensamentos. O curso é de uma excelente aplicabilidade, pois nada se descarta, tudo agrega e contribui. Os meus clientes estão satisfeitíssimos com o que eu estou transmitindo a eles e têm-me revelado os seus sucessos. Honestamente! Há muito tempo, eu não via um conteúdo tão eficiente como o que você apresentou.*" Hélcio dos Santos – Consultor autônomo – DF. Março/2007.

    "*Participei, após minha aposentadoria, de uma série de atendimentos com Ângela Leal tendo por base o coaching. Este se fundamenta na premissa de que podemos construir e realizar nossos planos, na medida em que estabelecemos metas de curto, médio e longo prazos.*"

    "*A importância dessa experiência consiste em nos voltarmos para nós mesmos, identificando potencialidades e pontos fracos, e assim podermos traçar novos caminhos. Não ter mais quem nos diga o que fazer, quando e muitas vezes até o como pode até assustar, mas também traz um grande alívio, pois assim poderemos assumir os nossos próprios desejos, os nossos sonhos."* Neuma Pimentel – Psicóloga e Consultora autônoma – PE. Fevereiro/2006.

"Ter um projeto de vida quando você chega aos 50 anos é muito importante e para isso contar com a ajuda de uma profissional qualificada significa uma maior chance de esse projeto dar certo. O método utilizado para me ajudar nesse projeto de vida foi além da minha expectativa, pois abriu minha mente para detalhes e formas de encontrar meu novo caminho. Um trabalho sério e minucioso que só me fez evoluir." Rosemarie Martins – Enfermeira aposentada – PE. Março/2006.

Critérios de Atuação

Para o Profissional

- Formação em coach.
- Supervisão de um coach com experiência em trabalhos desenvolvidos com este tipo de público.
- Estudos sobre a terceira idade.

Para a Empresa

- Existência de programa de apoio à aposentadoria.
- Apoio da diretoria e do departamento responsável pelo programa de apoio à aposentadoria.

Considerações Finais

O ponto máximo deste projeto é saber que ajudar pessoas, auxiliando-as no resgate da confiança em si mesma e no seu futuro, é enriquecedor.

Outro aspecto de relevância é constatar que este projeto vem possibilitando, com a capacitação de profissionais nas empresas, que um número maior de pessoas na fase da aposentadoria sejam assessoradas na elaboração do seu planejamento de vida pós-carreira.

14

Coaching com Foco nas Habilidades de Comunicação em Público

Por Cláudia Mourão

Contexto Atual

Estamos vivendo uma era de comunicações imediatas e informação ilimitada! Avanço tecnológico, competitividade acirrada, ampliação das fronteiras geográficas, interação em tempo real através das mais modernas ferramentas de redes sociais. A corrida tecnológica é veloz. Neste cenário, torna-se cada vez mais importante, para os profissionais (e para as empresas) que desejam alcançar o sucesso, o desenvolvimento de habilidades de comunicação eficaz – seja nas interações profissionais diárias, seja nas apresentações profissionais em público.

Pesquisas revelam, no entanto, que falar em público e conduzir apresentações e reuniões estão entre as atividades menos preferidas para a maioria dos profissionais. Um estudo da Global Annual da PricewaterhouseCoopers, realizado em 2008 com 1,1 mil CEOs de todo o mundo, verificou que entre as habilidades pessoais mais valorizadas em um candidato a trabalhar na empresa, destaca-se o seu *poder de comunicação*. Profissionais que demonstram segurança transmitem credibilidade.

Se estivermos bem preparados, bem equipados e bem apoiados por um planejamento consistente, o ato de falar em público pode ser até agradável, pois vamos perceber que somos ouvidos, compreendidos e que podemos influenciar positivamente nossa audiência.

O desenvolvimento das habilidades de apresentação em público traz um nível superior de eficácia e poder para os profissionais, especialmente para os executivos, não só pelas apresentações para clientes externos, mas, também, criando um novo e promissor futuro para as relações interpessoais nas equipes, para a liderança inspiradora e para transformar as apresentações e reuniões de trabalho num caminho de fluxo efetivo de informações e coerência.

Pelo exposto, podemos entender que as habilidades de comunicação interpessoal e para falar em público podem ser desenvolvidas. Mas será que qualquer pessoa pode desenvolver estas habilidades? O que impede uma pessoa de se comunicar em público com clareza, com boa fluência verbal, de forma natural e com autoconfiança?

Para tratar desta questão específica, desenvolvemos uma metodologia própria para vencer etapas impeditivas no caminho do sucesso das apresentações em público. Trata-se de um processo de Coaching com foco nas habilidades de comunicação em público, que tem em sua essência a autopercepção do processo de comunicação individual, além do domínio de reações corporais e emocionais – reações, estas, que teimam em surgir quando menos esperamos. Uma vez conscientes deste processo, todas as outras etapas se descortinam e possibilitam o desenvolvimento de metas mobilizadoras em prol da conquista de resultados satisfatórios nas performances em público. Vejamos como!

Imaginemos Algumas Situações

1ª) Homem, 37 anos, executivo sênior, demandado sistematicamente pelo cargo que ocupa a fazer apresentações em público. Apresenta as seguintes reações quando se vê diante da perspectiva de se apresentar em público (qualquer que seja o público, interno ou externo da empresa): pensamento desconectado, dificuldade de concentração para preparar a apresentação (posterga o planejamento, não tem ânimo para começar a se preparar, sente-se impotente – embora saiba que ele é a melhor pessoa, com domínio suficiente do assunto, para fazer a apresentação), respiração pesada, boca seca, sensação de fraqueza nas pernas.

2ª) Mulher executiva, alcançou cargos altos na empresa devido a sua competência e ao seu comprometimento. Atingiu alta reputação pela credibilidade que apresenta, sendo uma profissional desejada no mercado em que atua. Seria bem-sucedida, se não fosse...o pânico ao apresentar-se em público. Como assim? Como alcançou os cargos altos na empresa *sem* falar em público? Reações descritas por ela: branco total, gagueira, tremor nas mãos, sudorese (a roupa fica molhada), a garganta fica seca e a voz treme. Seu "problema" aparece com maior intensidade diante de plateias com mais de 100 pessoas. Ela diz que sofre muito para falar em público, mas que nem sabe se as pessoas reparam. A única certeza é que ela repara... e isto está se tornando um empecilho no seu cotidiano pessoal e profissional.

3ª) Jovem de 26 anos, desejoso de crescer rapidamente na empresa, ansioso por natureza. Percebe-se informal demais nas apresentações e fala muito rápido, de forma que ninguém entende e ele tem que repetir várias vezes o que tenta explicar. Às vezes se pergunta: "será que as pessoas estão surdas?". Tem perdido oportunidades de negócios e de crescer na empresa porque sua comunicação não está eficaz. Segundo feedbacks recebidos nas avaliações da empresa, ou ele aprimora sua comunicação em público ou vai perder grandes oportunidades.

Estes são alguns exemplos de casos que chegam até nós para o processo de Coaching. É um processo específico, tendo em vista as peculiaridades comportamentais envolvidas (traumas anteriores, baixa autoestima, inabilidade no controle emocional, entre outras). Logo no início, o coachee é convidado a mergulhar em um processo de autopercepção do seu processo comunicativo, entrando em contato com o que acontece com ele antes de falar – sem trocadilhos – da "boca para fora". Ele começa a entender o que acontece com ele da "boca para dentro". Esclarecendo: não é terapia, não é aconselhamento. É aprendizado. É constatação.

Reflitamos: quantas vezes nos vemos falando em público? É essa a pergunta, mesmo: quantas vezes nos vemos falando em público? A resposta, em geral, é: nunca. A não ser que alguém faça uma gravação, uma filmagem da nossa performance em público para que possamos nos ver depois – até porque em tempo real, se assistir enquanto falando é, no mínimo, complicado. Desvia a atenção, perde-se o fio da meada. Ou bem nos vemos, ou bem falamos. Quem nos vê falando é o "outro". Nosso interlocutor é quem pode nos dizer se estamos falando bem ou mal, com boa postura ou não, gesticulando demais ou de menos...o nosso parâmetro, invariavelmente, é a percepção que o outro tem sobre nós.

Quando compreendemos o mecanismo que se mobiliza para produzirmos a voz, a fala, os gestos e as posturas, torna-se possível lidar com os "medos" de falar em público.

Objetivos do Coaching com Foco nas Habilidades de Comunicação em Público

Alguns objetivos do coachee ao contratar este processo:

- Apresentar-se em público com maior segurança e firmeza, aplicando técnicas de comunicação e de expressão, sendo capaz de administrar as reações corporais para obter resultados positivos nas interações com seu público.

- Identificar, em si mesmo, características essenciais à produção e projeção da voz e da fala – importantes no indivíduo falante, especialmente quando em apresentações em público.

- Conhecer e aplicar técnicas para o controle da intensidade e modulação da voz, mantendo o equilíbrio respiratório adequado à emissão saudável da voz e da fala.

- Perceber as reações corporais emergentes quando diante de um público, aplicando as técnicas para eliminar tais reações, lidando de forma eficaz com a inibição ou a retração.
- Utilizar seu corpo de maneira produtiva no processo comunicativo com a plateia.
- Organizar o pensamento para formular frases e expressões coerentes, percebendo seu público e adequando a linguagem para melhor compreensão da mensagem emitida.
- Planejar sua apresentação para minimizar os riscos de cometer erros – uma vez que nenhuma técnica pessoal substitui o pleno domínio do assunto que se irá abordar.

Alguns objetivos da empresa ao contratar este trabalho para seus executivos, durante este processo:

- Estimular o executivo a alavancar habilidades comunicativas que trarão resultados para todos os envolvidos — especialmente para o próprio executivo, para os clientes, as equipes, a empresa.
- Ampliar a habilidade do executivo em comunicar-se assertivamente – bastante importante nas negociações, nas interações com clientes, na gestão de equipes e na administração de conflitos interpessoais.
- Otimizar metas que necessitem de habilidades comunicativas como persuasão e influência positiva na realização de novos negócios.
- Propiciar aumento no grau de satisfação dos clientes atendidos por este executivo.

Metodologia Adotada para o Processo de Coaching com Foco nas Habilidades de Comunicação em Público

Para viabilizar o processo de Coaching com foco nas habilidades de comunicação em público, é importante que as etapas a seguir sejam seguidas e acordadas com clareza entre o contratante (empresa e coachee) e o Coach.

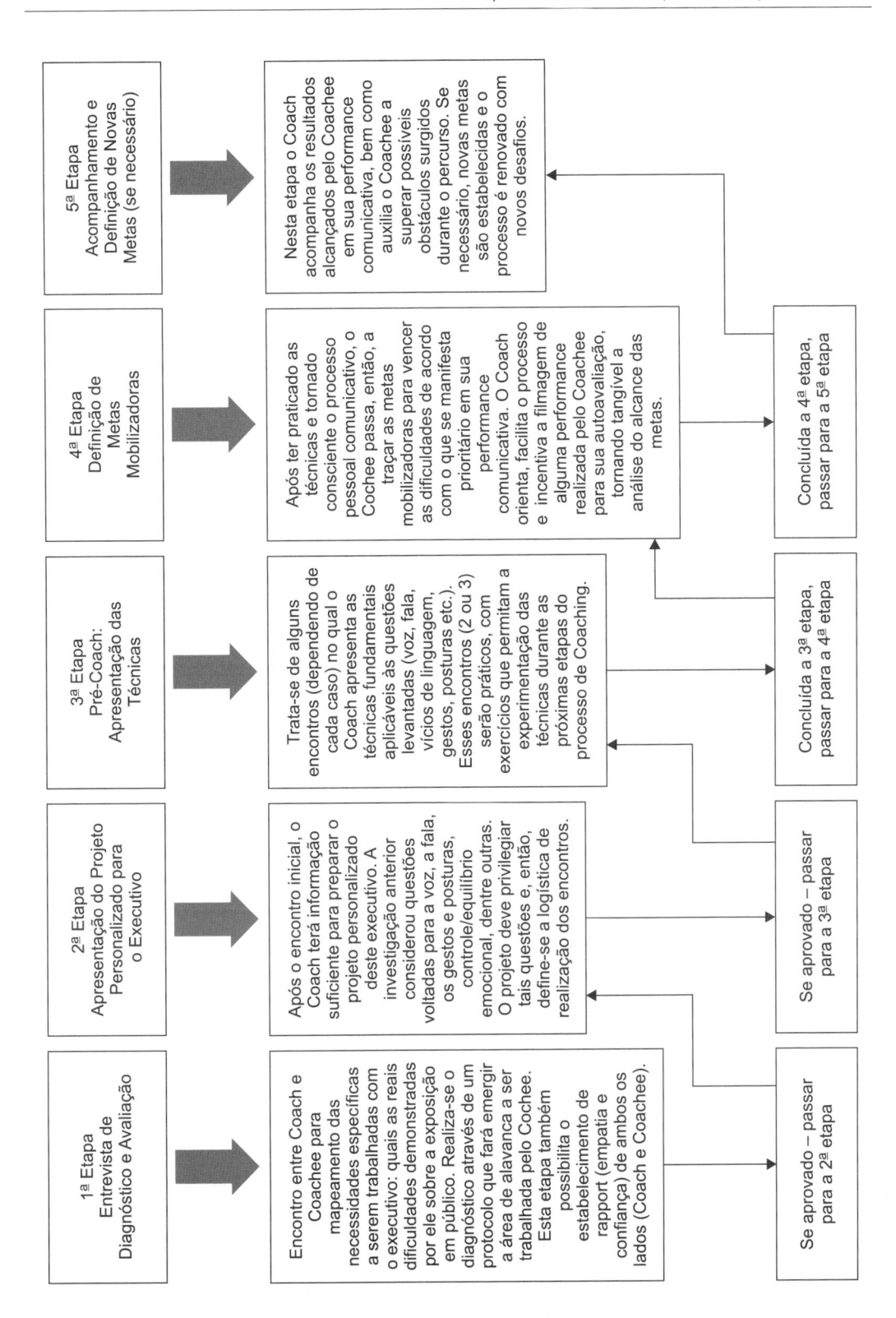

1ª Etapa — Entrevista de Diagnóstico e Avaliação

Encontro entre Coach e Coachee para mapeamento das necessidades específicas a serem trabalhadas com o executivo: quais as reais dificuldades demonstradas por ele sobre a exposição em público. Realiza-se o diagnóstico através de um protocolo que fará emergir a área de alavanca a ser trabalhada pelo Cochee. Esta etapa também possibilita o estabelecimento de rapport (empatia e confiança) de ambos os lados (Coach e Coachee).

Se aprovado – passar para a 2ª etapa

2ª Etapa — Apresentação do Projeto Personalizado para o Executivo

Após o encontro inicial, o Coach terá informação suficiente para preparar o projeto personalizado deste executivo. A investigação anterior considerou questões voltadas para a voz, a fala, os gestos e posturas, controle/equilíbrio emocional, dentre outras. O projeto deve privilegiar tais questões e, então, define-se a logística de realização dos encontros.

Se aprovado – passar para a 3ª etapa

3ª Etapa — Pré-Coach: Apresentação das Técnicas

Trata-se de alguns encontros (dependendo de cada caso) no qual o Coach apresenta as técnicas fundamentais aplicáveis às questões levantadas (voz, fala, vícios de linguagem, gestos, posturas etc.). Esses encontros (2 ou 3) serão práticos, com exercícios que permitam a experimentação das técnicas durante as próximas etapas do processo de Coaching.

Concluída a 3ª etapa, passar para a 4ª etapa

4ª Etapa — Definição de Metas Mobilizadoras

Após ter praticado as técnicas e tornado consciente o processo pessoal comunicativo, o Cochee passa, então, a traçar as metas mobilizadoras para vencer as dificuldades de acordo com o que se manifesta prioritário em sua performance comunicativa. O Coach orienta, facilita o processo e incentiva a filmagem de alguma performance realizada pelo Coachee para sua autoavaliação, tornando tangível a análise do alcance das metas.

Concluída a 4ª etapa, passar para a 5ª etapa

5ª Etapa — Acompanhamento e Definição de Novas Metas (se necessário)

Nesta etapa o Coach acompanha os resultados alcançados pelo Coachee em sua performance comunicativa, bem como auxilia o Coachee a superar possíveis obstáculos surgidos durante o percurso. Se necessário, novas metas são estabelecidas e o processo é renovado com novos desafios.

1ª Etapa – Entrevista de Diagnóstico e Avaliação – Encontro entre Coach e Coachee para mapeamento das necessidades específicas a serem trabalhadas com o executivo: quais as reais dificuldades demonstradas por ele sobre a exposição em público. Realiza-se o diagnóstico através de um instrumento de avaliação de percepção das habilidades comunicativas (protocolo destacado abaixo), com base na Roda da Percepção dos aspectos relativos à apresentação em público. Esta etapa também possibilita o estabelecimento de *rapport* (empatia e confiança) de ambos os lados (coch e coachee).

Modelo do Protocolo "Roda da Percepção"

AVALIAÇÃO DO NÍVEL DE PERCEPÇÃO

Como você se percebe em relação aos seguintes aspectos comunicativos:

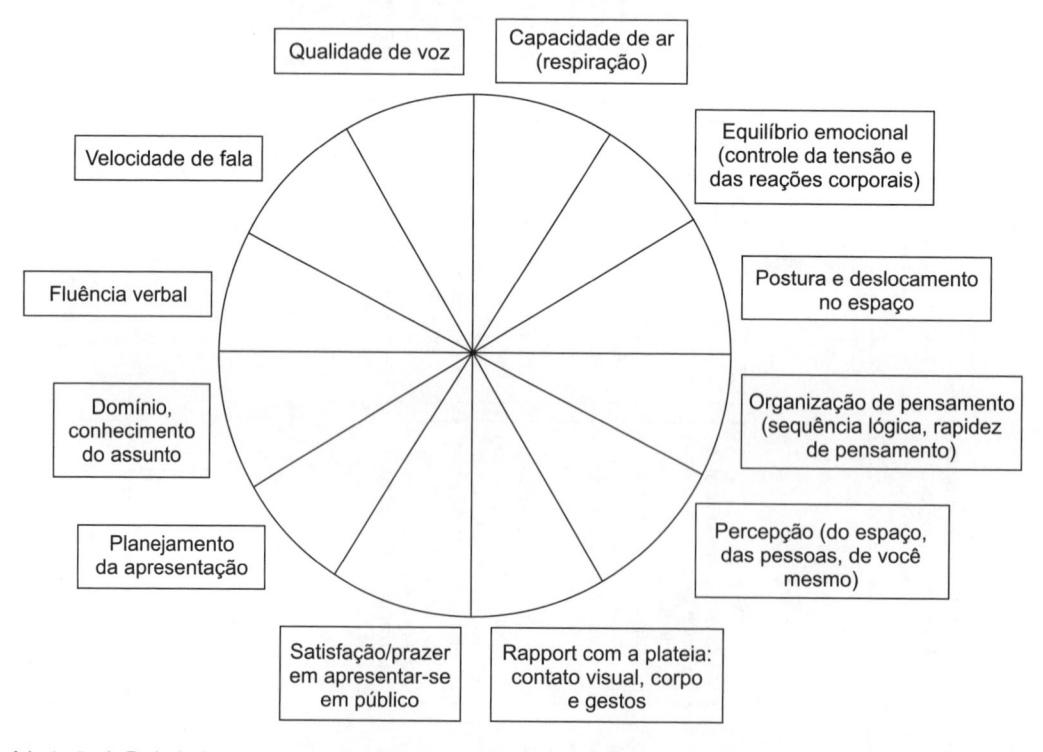

- Qualidade de voz
- Capacidade de ar (respiração)
- Equilíbrio emocional (controle da tensão e das reações corporais)
- Velocidade de fala
- Postura e deslocamento no espaço
- Fluência verbal
- Organização de pensamento (sequência lógica, rapidez de pensamento)
- Domínio, conhecimento do assunto
- Percepção (do espaço, das pessoas, de você mesmo)
- Planejamento da apresentação
- Satisfação/prazer em apresentar-se em público
- Rapport com a plateia: contato visual, corpo e gestos

Adaptação da Roda de Avaliação do Nível de Percepção publicada pela SBC – Sociedade Brasileira de Coaching – SP

2ª Etapa – Apresentação do Projeto Personalizado para o Executivo – Após o encontro inicial, o Coachee refletiu sobre os aspectos da Roda da Percepção, escolhendo uma ou mais áreas de alavanca para iniciar o processo. Dessa forma, o Coach terá informação suficiente para preparar o projeto personalizado deste executivo. A investigação anterior considerou questões voltadas para a voz, a fala, os gestos e posturas, dentre outras. O projeto deve privilegiar tais questões e deve-se, então, definir a logística para a realização dos encontros.

3ª Etapa – Pré-Coach: Apresentação das Técnicas – Trata-se de alguns encontros (dependendo de cada caso) no qual o Coach apresenta as técnicas específicas – com base na fisiologia da voz e da fala, na ciência da Fonoaudiologia – aplicáveis às questões levantadas (voz, fala, vícios de linguagem, gestos, posturas, etc.). Esses encontros (2 ou 3) serão práticos, com exercícios que permitam a aplicabilidade das técnicas durante as próximas etapas do processo de coaching.

4ª Etapa – Definição de Metas Mobilizadoras – Após ter experimentado as técnicas e tornado consciente o processo pessoal comunicativo, o cochee passa, então, a traçar as metas mobilizadoras para vencer as dificuldades de acordo com o que se manifesta prioritário em sua performance comunicativa. O Coach orienta, facilita o processo e incentiva a filmagem de alguma performance realizada pelo coachee para sua autoavaliação, tornando tangível a análise do alcance das metas. Chamamos atenção para o efeito poderoso da gravação das performances, na tomada de consciência e autopercepção dos fatores que impactam a excelência da performance em público.

5ª Etapa – Acompanhamento e Definição de Novas Metas (se necessário) – Nesta etapa o coach acompanha os resultados alcançados pelo coachee em sua performance comunicativa, bem como auxilia o coachee a superar possíveis obstáculos surgidos durante o percurso. Se necessário, novas metas são estabelecidas e o processo é renovado com novos desafios.

Perfil do Coach de Executivos com Foco nas Habilidades de Comunicação em Público

Para comentarmos sobre o perfil do Coach nesta atuação que envolve a comunicação humana em sua essência, cabe-nos informar, de forma breve, a fundamentação deste método que se apoia na ciência da Fonoaudiologia.

Esta ciência que se ocupa da Comunicação Humana – voz, fala, linguagem, audição, motricidade oral, expressividade – em geral tem no Fonoaudiólogo o profissional capacitado a diagnosticar, prevenir, reabilitar, aperfeiçoar e cuidar de qualquer alteração ou disfunção que envolva comunicação oral e escrita, voz e audição.

Assim, partimos desta base para estruturar o processo de Coaching.

O leitor deve estar se perguntando: será que esta metodologia pressupõe que o Coach deste processo completo seja, necessariamente, um Fonoaudiólogo? O profissional Coach bem preparado poderá conduzir muito bem o processo. Pela expertise técnica, a 3ª etapa do processo, quando realizada pelo Fonoaudiólogo, alcançará um alto padrão de qualidade e efetividade. Por isso, recomendamos que o Coach atue em parceria com o Fonoaudiólogo, oferecendo este diferencial para os resultados do coachee e do sucesso do processo de Coach.

Comentários Finais

A presente metodologia tem apresentado resultados positivos para os coachees atendidos até aqui, tendo em vista o autoconhecimento que proporciona. Quando se torna consciente, o processo comunicativo ganha maior qualidade e o coachee é capaz de ser o próprio *comandante da sua aeronave*, lidando com as reações que por ora podem impedir a excelência da performance em público, revertendo este cenário em resultados prazerosos e de sucesso!

15

Autocoach como Exercício de Autoliderança

Aqueles que se tornam capazes de assumir a responsabilidade pelos próprios atos são, certamente, mais habilidosos e eficazes na hora de comandar um grupo, um projeto ou a família.

Por Heloísa Capelas

Muitas vezes, quando estamos fora de uma situação problema, enxergamos mais soluções do que o outro. Creio que isso já deva ter acontecido com você. E não pense que me refiro só à vida pessoal. No meio profissional também! Muitos líderes vivem essa questão. Quando não estamos envolvidos emocionalmente com o problema, não vivemos as dúvidas, os medos e os conflitos que impedem a pessoa de visualizar, primeiro, o "porquê dos bloqueios" e depois o "como resolver", e da melhor forma.

Isso se repete também na realização de nossos desejos. Queremos muito algo, mas não sabemos bem como chegar lá. Existem as inquietações, incertezas e por aí vai. O novo e a mudança geram inquietações, demandam coragem, disposição e disciplina e, de certa forma, percebo que essas palavras têm sido interpretadas como: "isso vai ser difícil...". É quase como um ciclo que gera paralisia. Por isso, o coach tem auxiliado tantas pessoas. É a expertise de um profissional que lhe ajuda a identificar os melhores caminhos e o estimula a partir para a ação.

Entretanto, há algo fundamental para que, de fato, nos apropriemos de nosso melhor – da coragem, disposição e disciplina –, para que estas fluam naturalmente em nossas atitudes (e não como um peso). Somos melhores líderes quando primeiro sabemos liderar a nós mesmos!

Autoliderança é um aprendizado que pode se praticar com a técnica de coach consigo mesmo. Isto é, o Autocoach. Você é o treinador e o treinado, o mestre e o aluno.

Se você hoje ocupa o papel de treinador, de líder, seu objetivo é que as pessoas se juntem a você num ideal ou como equipe. No Autocoach estará assumindo esse lugar e de toda forma será preciso, antes, que você convença a pessoa que mais exerce influência sobre suas escolhas e atitudes: você mesmo!

Nesse sentido, é crucial saber que o poder que você tem sobre si é, muitas vezes, inconsciente, imperceptível. Todo o seu conteúdo conhecido e todo o seu conteúdo desconhecido terão influência significativa sobre as suas ações.

Significa que sua autoliderança está intimamente ligada ao seu autoconhecimento. Para ter sucesso e ser bem-sucedido em qualquer objetivo você precisa conhecer tão bem seus talentos quanto suas limitações e dificuldades. O que, internamente, tão habilmente o impulsiona adiante e o que o paralisa?

Autoconhecimento neste nível não pode ser superficial, por isso um primeiro ponto a se trabalhar é a dedicação diária e consistente de sua auto-observação, pois, eu já adianto, somente conseguimos melhorar ou mudar aquilo que reconhecemos em nós. Para que essa ação seja eficiente, precisa se tornar parte de você, de sua rotina, de seus hábitos, de seu jeito de ser e de viver. Isso o desanima, parece muito difícil ou até impossível? Bem, já é uma observação a fazer sobre si mesmo.

O que faz a maioria das pessoas nem começar seu processo de evolução, rumo à conquista e à realização de seus melhores sonhos, é justamente essa crença limitante, essa armadilha ardilosa e altamente enganadora – a de que o trabalho é grande e demorado demais. Isto é, de que ela não tem as ferramentas necessárias e nem o conhecimento preciso para tal realização.

A proposta que faço agora é justamente esta. Escolher ir em direção ao seu treinamento. Onde você será, ao mesmo tempo, seu treinador e seu aluno, seu mestre e seu seguidor. Então, lembre-se de que, quando você faz uma escolha, todo o universo se mobiliza e se direciona para colaborar com a realização do seu desejo.

O autoconhecimento vai funcionar para você como um catalisador em sua vida. Ao desenvolvê-lo, você ganhará o poder de agir com mais clareza e precisão. Por muito tempo, convivemos com o conceito de que a real função de um líder era meramente comandar para gerar resultados em qualquer âmbito. Hoje, sabe-se que a liderança começa dentro e o sucesso do líder é diretamente proporcional à sua autoliderança.

Aqueles que se tornam capazes de assumir a responsabilidade pelos próprios atos são, certamente, mais habilidosos e eficazes na hora de comandar um grupo, um projeto ou a família. Eles aprendem a superar limitações individuais e coletivas, e usam os melhores recursos para chegar aonde desejam. E, vale lembrar, tudo isso aparece como consequência do autoconhecimento.

Onde Você Está e como Chegou Até Aí?

O seu primeiro passo é olhar ao redor de si e se dar conta de onde chegou até agora. Depois, é hora de olhar para dentro e descobrir, detalhadamente, como fez esse caminho. Com que segurança, com que crenças, com que prazer, com que autoridade, com que noção de merecimento?

Este é o início da jornada do seguidor, seguir a si mesmo. E para seguir alguém, você precisa acreditar nessa pessoa. Pois bem: você acredita em si? Seguiria a si mesmo desde já? Posso apostar que, neste momento, talvez titubeie, sinta-se inseguro, ainda aposte que existe um mestre a seguir que seja mais sábio ou mais lúcido do que você mesmo. E talvez haja mesmo, mas isso é só porque você ainda não se olhou e não se conheceu o suficiente, nem validou o potencial que há dentro de si.

Para conhecer seus desejos e agir alinhado com as mudanças que você quer pela frente, será importante olhar-se de forma transparente para compreender como chegou até aqui. Caso contrário, estará fazendo projeções a partir de padrões comportamentais antigos e tão arraigados que nem mesmo perceberá que estão aí, fazendo parte de você.

Refletir sobre o que viveu lá atrás, muitas vezes, é um passo essencial para que se possa chegar a lugares aparentemente inimagináveis. Uma maneira bastante eficiente de fazer isso é reconhecendo você em sua história. Desvincular-se de paradigmas comportamentais é ver e rever a história e buscar novas possibilidades. O processo da descoberta já é sucesso, já é caminho. As informações para o alcance das metas estão dentro de nós, por isso o trabalho é fazer-se a melhor pergunta, pois já temos as respostas. São as perguntas que têm o peso e a leveza suficientes para dar equilíbrio e propulsão aos navios que conduzimos. Somos os capitães de nossas escolhas e decisões.

Vamos Praticar – Dinâmica 1

Retomando a sua História

O que proponho é óbvio: quando você se interessa por alguém, a primeira decisão que toma é a de saber mais sobre essa pessoa. Como? Fazendo perguntas! Querendo saber mais sobre seus gostos, seu jeito de ser, suas preferências, suas qualidades e até seus defeitos. Então, mãos à obra! Vamos ao primeiro exercício. De forma muito sincera, responda às seguintes perguntas numa folha à parte:

→ Você acredita que, depois de tudo o que viveu, até chegar a este momento de sua vida, tem algo a ensinar? O quê?

→ Quando olha para si, vê uma pessoa firme, decidida, que sabe para aonde está indo, ou uma pessoa insegura, confusa e com medo do que está por vir? Ou ainda, as duas coisas, dependendo da situação? Por quê? Dê pelo menos dois exemplos de cada circunstância.

→ Relembrando alguns dos momentos mais felizes de sua vida, que o conduziram numa direção significativa na sua história (formatura, promoção no emprego, casamento, nascimento de um filho, compra de uma casa, a realização de um sonho), quais sentimentos você experimentou? Seja específico! Sentiu medo de estar tão feliz? Sentiu que estava vivendo o que fez por merecer? Sentiu que iria acabar, passar ou que isso seria parte de você para sempre? Sentiu medo de perder? Sentiu que era apenas o começo? Sentiu que era bem mais do que você imaginou que merecia? Lembrou-se de seus pais e do que eles diziam sobre como é a vida?

→ Do mesmo modo, agora relembre alguns dos momentos mais tristes que você já viveu e que também motivaram escolhas e caminhos significativos na sua história (uma perda amorosa, perda material, a morte de um ente querido, a perda de um emprego, um acidente). Quais sentimentos você experimentou? Achou que era castigo por algo de errado que fez? Lembrou-se de seus pais e do que eles diziam quando você estava triste? Dos avisos que davam sobre como a vida pode ser injusta?

→ Agora, depois de ter respondido a essas questões, se tivesse de escrever uma breve carta de recomendação de si mesmo para continuar vivo, sabendo que não poderia haver nenhuma mentira nessa carta, porque a pessoa que a leria sabe tudo a seu respeito, e que o principal critério para ser aceito é a verdade sobre o que você pensa de si mesmo, o que escreveria? Por que acredita que deve continuar ocupando seu lugar no mundo? Vamos lá! Experimente. Escreva tal carta.

Depois de escrever, somente depois mesmo, reserve um tempo para a reflexão abaixo:

> *Pare por um instante, reserve-se num ambiente de sua preferência e reflita sobre tudo o que passou neste último ano. Veja quais foram os pontos em que você acertou. Reviva suas conquistas. Orgulhe-se de tudo aquilo que conseguiu fazer por você, por aqueles a quem ama e pelo mundo ao seu redor.*
>
> *Em seguida, reflita também sobre os aspectos que poderiam ter sido melhores. Lembre-se de que você é responsável por suas próprias decisões e caminhos e, ainda que os resultados não tenham sido positivos, só cabe a você rever as escolhas que fez e definir maneiras de melhorá-las. Os obstáculos que aparecem ao longo da sua trajetória servem, principalmente, para mostrar que você é capaz de superá-los e aprender importantes lições com essa capacidade de superação.*

Perdoar é uma Questão de Inteligência e não de Bondade

Agora, vamos falar de um próximo passo fundamental para se tornar mestre de si mesmo, líder de sua vida e autor de sua história – o perdão. Ao fazer o exercício acima, é bem provável que você tenha entrado em contato com algumas características ou crenças sobre si mesmo não muito agradáveis. Talvez você tenha até sentido raiva por ser de tal forma, pensar de determinada maneira ou agir como tem agido.

É compreensível, considerando que a vida costuma nos cobrar o que há de mais perfeito: beleza física, simpatia, peso ideal, inteligência, sucesso profissional, vida amorosa feliz, estabilidade financeira, entre outros. Convenhamos que a chance de não alcançarmos tamanha excelência nos moldes da nossa cultura é bem grande. E isso não tem nada a ver com ser incapaz, e sim com 'modelos de felicidade'. Mesmo assim, passamos a vida toda nos sentindo frustrados e, muitas vezes, nos criticando e julgando por não alcançarmos esse patamar de exigência social.

Bem, não há felicidade na perfeição. Aliás, nem há perfeição. A felicidade está em nossa sagrada humanidade. E o humano é genuinamente imperfeito, com limitações, enganos e muito a aprender pela frente. Mas para que isso aconteça, precisamos fazer as pazes com essa imperfeição. Olhar para ela e acolhê-la, torná-la parte essencial de quem somos e da vida que desejamos viver – com sucesso, felicidade, dinheiro, amor e saúde. Aceitar que temos a imperfeição é reconhecê-la; é um passo essencial, pois só então podemos promover mudança real e consistente. Afinal, não podemos mudar o que não reconhecemos. E reconhecer não basta. É preciso que sejamos capazes de perdoar nossa própria humanidade.

Tem gente que julga a capacidade de perdoar como um traço de bondade, mas não é nada disso. Perdoar não tem a ver com ser bom, assim como não perdoar não tem a ver com ser mau, simplesmente porque a bondade vem depois do perdão e não antes. Só podemos validar o quanto somos bons depois de nos perdoarmos por tudo aquilo que nós mesmos julgamos como erro, como engano, como burrice.

Perdão é, sobretudo, um exercício de inteligência. Talvez a maior de todas as inteligências humanas. Mas o perdão que funciona é aquele dado a si mesmo e também a todos que fizeram parte da construção de quem você é e que, de alguma forma, contribuíram para que você esteja aí, onde está. Ou seja, perdoar as suas raízes – seus pais e irmãos, fundamentalmente. E isso exige decisão, desejo de perdoar. É racional. É atitude interna. É prática de inteligência consciente.

Você só é Líder de Quem Compreende. E se Compreende, Perdoa!

Não se engane mais. Para que você possa se tornar seu Autocoach, líder de sua vida e de sua equipe, em seu trabalho, é absolutamente necessário que você perdoe a si mesmo por todas as escolhas que fez, todos os caminhos que seguiu e por tudo aquilo que tantas vezes desaprovou a seu próprio respeito. É preciso que perdoe àqueles a quem culpou pelos seus tropeços e entenda que você atribuiu e transferiu, erroneamente, aos outros a responsabilidade por suas decisões.

Lembre-se de que, da mesma forma que comete erros e merece ser perdoado por isso, igualmente acontece com quem está próximo a você, compartilhando a própria vida. Portanto, perdoe-se pelas escolhas que não deram certo e desculpe também àqueles a quem você mais ama por tudo o que fizeram e que não lhe agradou. Escolha o perdão como caminho para a liderança pessoal. Somente assim você conseguirá tomar as rédeas de sua vida, sem ficar o tempo todo esperando que as pessoas façam algo por você e para você. Que as pessoas perdoem você.

E você só poderá optar pelo perdão como caminho se tiver consciência de que se magoou, sentiu e ainda está sentindo raiva, vivendo o ressentimento.

Dinâmica 2

Reconhecendo a Raiva e Perdoando Quem a Despertou

Feche seus olhos e respire. Inspire e expire lentamente...
Lembre-se de uma cena de infância onde você se sentiu magoado...
O que estavam fazendo com você? Quem estava na cena?
Foque em três características negativas da pessoa que o magoou.
Agradeça essa informação que seu inconsciente lhe trouxe.

E agora passeie pela sua vida adulta e dê-se conta de quantas vezes, sem querer, você usou esses mesmos comportamentos negativos que te magoaram. Você aprendeu com a mágoa e agora repete sem perceber o mesmo comportamento.

Como sair disso?
Continue inspirando e expirando lentamente...
Lembre-se da pessoa que estava naquela cena da sua infância, só que, desta vez, lembre-se de uma cena em que ela está tendo um comportamento positivo e perceba como você se sente nesse lugar.

Foque nessa característica positiva dessa pessoa.
Assim como o negativo, você também aprendeu o positivo e usa esse mesmo comportamento em sua vida.

Continue respirando...
Lembre-se de uma situação específica em que você se sentiu magoado e/ou ferido nestes últimos dias e, então, usando a sua imaginação, visualize-se nesta mesma situação recente, só que agindo com o comportamento positivo que você aprendeu na infância... e observe como se sente, como a situação se desenrola.

Veja como você sai dela se sentindo muito mais leve e satisfeito por ter mudado seu comportamento.

Curva de Aprendizagem

Nossos aprendizados foram como foram. O apego, a mágoa e a dor nos mantêm reféns do passado, presos ao que já não pode ser mudado, nos fazendo repetir e repetir sem controle aquilo que não queremos.

Quando percebemos que aprendemos a ser quem somos, com todo o bem e com todo o mal de quem nos criou e/ou educou, damo-nos conta de nossa humanidade e da humanidade de nossos pais e, com isso, podemos transformar o que queremos em nós.

Compreensão, compaixão, perdão e amor são os ingredientes para qualquer liderança bem-sucedida e com consequências benéficas a todos.

Para finalizar, respire ainda lentamente e, mais uma vez, lembre-se da sua infância e agradeça todo o aprendizado. Agora, veja-se diante de um espelho e respire olhando dentro dos seus olhos. Agradeça a essa pessoa adulta que você vê. Reconheça que ela quer fazer diferente e agradeça-lhe. Gratidão por você, pelos seus pais e pelo seu passado. Assim, as portas do presente e do futuro se abrem, e você caminha com lucidez, sendo mestre e treinador.

Você Vale Muito a Pena!

É bem provável que, a essa altura, você já tenha se dado conta de que pode construir sua vida de modo fluido e prazeroso. Agora, basta decidir diariamente. A fórmula está posta: autoconhecimento e perdão. Perdão a si e aos que, com você, ajudaram a construir a sua história. O sucesso é consequência da sua autoliderança.

16
Líder-Coach: Como Aumentar a Capacitação de Liderança Através do Uso de Técnicas de *Coaching*

Por Vanda Souza

"É incrível quantas preocupações desaparecem quando você decide não ser alguma coisa, mas ser alguém."

Coco Chanel.

A busca do cargo, do título, fica esvaziada se o indivíduo não tiver o conhecimento de si, das suas habilidades, do seu sonho, do seu SER. A busca pelo título de líder tem sido constante por grande número de profissionais. O que de fato estamos buscando na vida? O que de fato queremos ser?

Liderança é um termo com muitas definições e adjetivos que expressam uma qualidade ou característica do ser e se "encaixa" diretamente ao lado do cargo que complementa o perfil e a atitude do líder, como: admirado, criativo, ousado, comunicativo ou carismático, o líder nato, o líder servidor e, mais recentemente, o **líder-coach**. Parafraseando o compositor Arnaldo Antunes, "*de tanto sentimento deve ter algum que sirva...*", de tantos títulos deve ter algum que sirva! Qual deles melhor se encaixa em seu perfil? Voltamos à citação na abertura deste capítulo: quem é você?

A palavra líder muitas vezes isola o indivíduo e trata os demais como seguidores. A palavra coloca o indivíduo num pedestal. Será esta a definição que queremos para liderança: simplesmente ter seguidores?

Até a década de 80, poucos eram os acadêmicos e pensadores que se dedicavam ao assunto de liderança. Na virada dos anos 90 tudo muda e explode o número de estudos sobre o conceito – ser líder tornou-se uma obrigação.

O conceito de liderança está diretamente ligado à cultura da empresa ou ao ambiente – no caso de empresas familiares, o dono é o grande líder; cabe a ele capacitar as gerações seguintes para lidar com as mudanças e evoluções empresariais.

O líder deve conhecer a si mesmo, ter visão e acima de tudo dar o exemplo. Se você se acha um líder, deve se perguntar:

- Em que contexto estou no meu melhor desempenho?
- Por que faço o que faço?

Se você faz as coisas com genuíno interesse, isto já é uma evolução; sua liderança é a que vem da consciência e de tudo que esta à sua volta. Se você estiver atento, em busca da sua evolução como ser humano, às necessidades da sociedade e às pessoas à sua volta, seja na empresa, em casa, na comunidade, esse olhar atento e a orientação fazem de você um mentor ou até um líder-coach.

Se você quer ser um líder-coach, saiba que não basta fazer um curso de algumas horas e ganhar um certificado; é preciso preparo, tempo e amadurecimento, e ainda reunir na sua bagagem leituras, autoconhecimento, vontade de aprender, reflexão.

Afinal, o que é líder-coach? Qual a definição para líder-coach? Vamos a algumas definições encontradas na literatura para o tema:

- Exerce a sua habilidade de liderança através de algumas técnicas utilizadas em coaching.
- Líder que, além de estimular, delegar, inspirar e supervisionar, é responsável pelo desenvolvimento contínuo de seus liderados.
- Desenvolve a autoliderança, o autoconhecimento, com o objetivo de auxiliar sua equipe a superar metas e objetivos previamente estabelecidos.
- O líder-coach, acima de tudo, busca excelência em sua profissão e em sua carreira.

O líder pode utilizar algumas técnicas empregadas em coaching, buscando em si as principais características do coach, reunindo os seus conhecimentos técnicos e as suas habilidades para:

- Praticar a habilidade de ouvir e considerar;
- Direcionar os profissionais para a melhora da performance;
- Identificar os valores que devem nortear as ações da equipe;
- Delegar, orientar e reconhecer;
- Utilizar a disciplina como motivação e estímulo;
- Utilizar bastante o recurso de reuniões e procurar valorizar a sinergia;
- Orientar a rotina por metas em vez de tarefas;
- Canalizar os conflitos na direção do crescimento;
- Dar *feedbacks* em tempo real.

Pairam dúvidas sobre o que é ser o líder-coach e a pergunta mais comum é: Como líder, eu posso fazer coaching com meus liderados? O conceito vai além disso. Para destacar algumas diferenças e pontos comuns, elaboramos uma tabela com alguns profissionais que estão direta ou indiretamente ligados e atuando junto a outros profissionais. Esta tabela tenta relacionar algumas atribuições inerentes aos seus papéis e o que não compete ao exercício das suas funções.

TERAPEUTA	<ul><li>Investiga o passado</li><li>Cuida da vida pessoal</li><li>Receita remédios</li><li>Aconselha</li><li>Tem o olhar na vida pessoal/familiar</li><li>Não mantém relação próxima com o paciente</li><li>Não tem vivência empresarial</li><li>Não faz aconselhamento técnico</li></ul>
CONSULTOR	<ul><li>Mostra o caminho</li><li>Tem sempre respostas</li><li>Dá a solução</li><li>Tem o olhar na organização</li><li>Não atua na vida pessoal nem familiar</li></ul>
MENTOR	<ul><li>Orientação técnica</li><li>Ensina/orienta</li><li>Tem respostas</li><li>Transferência de conhecimento</li><li>Compartilha experiência</li><li>Tem o olhar no desenvolvimento do profissional</li><li>Não faz coaching</li></ul>
COACH	<ul><li>Estimula a encontrar o caminho</li><li>Ouve, considera, pergunta</li><li>Tem o olhar na vida pessoal e profissional</li><li>Não tem relação próxima com o coachee</li><li>Não dá respostas</li><li>O projeto/causa é do coachee</li></ul>
LÍDER	<ul><li>Forma seguidores</li><li>Define metas e objetivos</li><li>Tem o olhar no desenvolvimento profissional</li><li>Foca em um projeto ou em uma causa</li></ul>
LÍDER-COACH	<ul><li>Potencializa sua liderança através de ferramentas de coaching</li><li>Ouve, pergunta e considera sempre</li><li>*Feedback* em tempo real</li><li>Pratica o reconhecimento e celebra pequenas vitórias</li><li>Tem uma postura resiliente</li><li>Ajuda cada liderado a descobrir o melhor de si; desenvolve talentos</li><li>Estimula a criatividade e a inovação</li><li>Forma futuros líderes e não apenas seguidores</li><li>Tem relação próxima, pessoal ou profissional</li><li>Desenvolve pessoas para suas escolhas</li></ul>

Embora esses profissionais desempenhem papéis diferentes, sejam eles em momentos distintos ou superpostos, podemos observar que todos eles têm como principal papel o desenvolvimento do indivíduo e da organização.

O que o mundo corporativo busca como perfil de liderança? Anseia-se por verdadeiros líderes que, além de fazerem a diferença na busca de melhores resultados, utilizem técnicas de coaching com seus liderados, com a capacidade de transformar as pessoas, ajudando-as a descobrir o melhor de si e a produzir mais.

Destaca-se aquele que atua como líder-coach: que acompanha e desenvolve seus colaboradores, oferecendo oportunidade a cada membro de evoluir no processo de equipe e no alcance das metas organizacionais. Jack Welch já dizia: "No futuro todo líder será COACH".

E você? Está preparado para ser um verdadeiro líder-coach ou um líder com menos técnicas e ferramentas de gestão? Diante desta questão, recomenda-se refletir sobre:

1. Com que frequência eu me dou *feedback* sincero e honesto?
2. Quais das minhas atividades eu não deveria estar realizando?
3. Que atitude modificada renderia mais frutos?
4. De todas as horas, quais são úteis de fato e quantas eu dedico às pessoas à minha volta?
5. Quanto à minha equipe: Eu informo? Eu formo? Eu desenvolvo?
6. Como comprometo meu futuro para atingir a meta do presente?

O líder-coach alia a técnica de coaching para potencializar o desenvolvimento de pessoas. Ao longo das nossas vidas todos nós tivemos, mesmo que informalmente, alguns Mentores, Treinadores, Professores, Líderes e alguns Coachs, com estilos e propósitos diferentes. De cada um deles aprendemos um pouco e somamos algo na nossa formação.

Tive também o privilégio de passar meu primeiro processo de c*oaching* formal em 1998. Minha carreira ao longo desses anos na empresa foi voltada para atuação na formação de líderes e no desenvolvimento de pessoas. Pude ajudar na revisão da 2ª edição deste livro e, agora, nesta 3ª edição, além da revisão me foi concedida a honra de escrever este capítulo, e também de trabalhar no *ToolBox* – livro de ferramentas que auxiliam o processo de coaching no modelo PBC – *Project Based Coaching*.

A você, leitor, recomendo a busca pelo autoconhecimento. É um jogo de sedução, de conquista por se conhecer a cada dia, por se reformular e se autoavaliar; é fundamental em um mundo em transformação.

Aos meus Líderes, Coachs e Mentores meu eterno agradecimento! Agradeço pelo tempo dedicado a mim, pelos exemplos, pelas perguntas e pelos estímulos que me foram dados em momentos de grande decisão, de definição de carreira e de vida.

Bibliografia

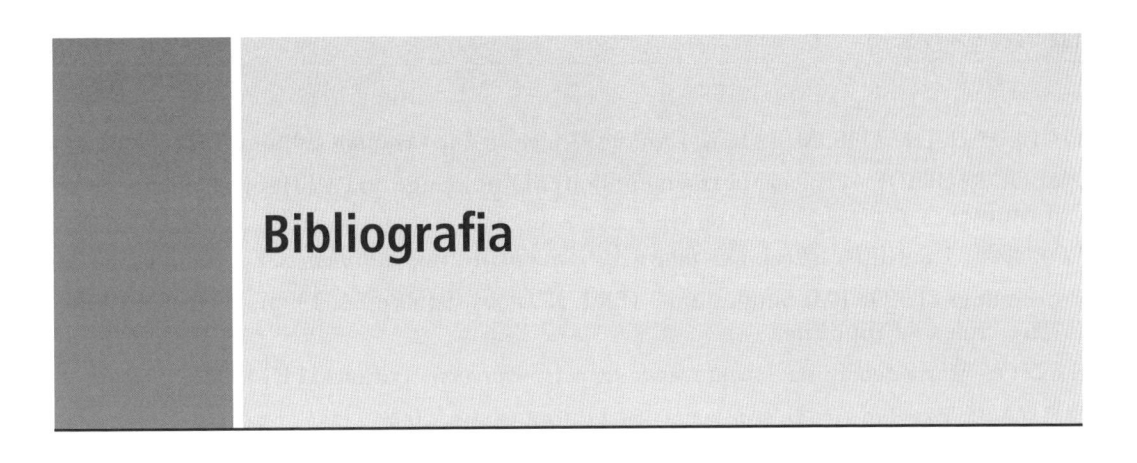

ANDREWS, Susan. *O Stresse a Seu Favor*. Ed. Visão Futuro, 2001.

ALLEN, David. *A Arte de Fazer Acontecer*. Editora Campus/Elsevier, 2001.

ARAÚJO, Ane. *Coach*. Editora Gente, 2002.

BANDLER, Richard. *Using Your Brain For a Change*. Real People Press, 2006.

CHIAVENATO, Idalberto. *Construção de Talentos, Coaching e Mentoring*. Editora Campus, 2002.

COVEY, Stephen R. *Os 7 Hábitos das Pessoas Eficazes*. Editora Campus, 2002.

_____. *O Primeiro Mais Importante*. Editora Campus, 2002

CRITCHELY, Robert K. *Reavaliando Sua Carreira*. Editora Campus, 2002

DILTS, Robert B. *Visionary Leadership Skills*. Meta Publications, 1996

DINSMORE, Paul Campbell. Marcello: *The Harvest is Forever*, DA Publishing, 2000.

_____; CABANIS-BREWING, Jeannette. "The AMA Handbook of Project Management". Amacom, 2006.

_____; SILVEIRA NETO, Fernando Henrique. *Gerenciamento de Projetos – Como Gerenciar seu Projeto com Qualidade, Dentro do Prazo e Custo Previsto*. Qualitymark Editora, 2004.

DIVERSOS AUTORES. RH Positivo – *Novo Mundo do Trabalho*. Editora Qualitymark Editora, 2004.

DI STEFANO, Rhandy. Apostila do Curso *Coaching Integrado* – ICI, 2004.

DYER, Wayne. *A Força da Intenção*. Nova Era, 2004.

GAWAIN, S. *A Visualização Criativa Pode Mudar sua Vida*. Sextante, 2002.

HALL, L. Michael. *Dragon Slaying*. E.T. Publications, 1996.

HICKS Esther, HICKS Jerry. *The Law of Attraction*. Hay House, 2006.

JORDAN, Bernard E. *The Laws of Thinking*. Hay House, 2006.

NAVARRO, Leila. *Talento para Ser Feliz*. Ed. Gente, 2000.

NUNES, Carlos Ernani P. *Vamos que Já Entardece: Preparação para Aposentadoria*. Ed. ICSS/Consultor, 1994.

PHILLIPS, J. J. & STROMEL, L. K. *Creating Mentoring And Coaching.* Editora ASTD, 2001.

PMBOOK® GUIDE – Project Management Body of Knowledge do PMI (Project Management Institute).

PORCHÉ, G. & NIEDERER J. *Coaching o Apoio que faz as Pessoas Brilharem.* Ed. Campus, 2002.

Proceedings of 1998 PMI Simposium – (PMI, Newtown Square PA, 1998). Paper Managing The Project of Your Life.

SANTOS, Maria de Fátima Souza. *Identidade e Aposentadoria.* Editora EPU, 1990.

SOUZA, C. *Você é do Tamanho de seu Sonho.* Editora Gente, 2003.

WELCH, Jack e WELCH Susan. *Winning.* Harper Collins, 2006.

WILBER, Ken. *Uma Teoria de Tudo.* Pensamento-Cultrix, 2000.

WRYCZA, Peter. *Living Awareness.* Gateway Books, 1997.

ZANELLI, J. C. & SILVA, N. *Programa de Preparação para Aposentadoria.* Editora Insular, 1996.

ZEUS, Penny e SKIFFINTON, Suzanne. *"The Complete Guide to Coaching at Work".* McGraw-Hill, 2000.

Citações:

Albert Einstein – "*Como Vejo o Mundo*", 1922-1934 – "*A Minha Filosofia*", 1934.

Bernardinho (11/5/2006 – ESPORTE comunicado da UnB Agência da Universidade de Brasília), *IstoÉ* OnLine 13/12/2006.

John Agno – *Coach to Coach Network.*

Roberto Justus – Como Construir e Cuidar de sua Imagem Profissional (*Revista Sucesso*, Edição 38, Ano 4 – abril de 2006).

Sobre os Autores

Paul Dinsmore

Conferencista e consultor empresarial na América do Norte, na Ásia, na África, na América Latina, na Europa e no Brasil. É considerado referência internacional em gerenciamento de projetos e uma autoridade em gestão de mudança organizacional.

É formado em Engenharia pela Texas Tech University e completou o Programa de Gerenciamento Avançado em Harvard. Pós-graduado em Administração de Empresas pela Fundação Getulio Vargas, é autor de 18 livros, com publicações no Brasil, nos Estados Unidos, no Japão e na Coreia. Entre eles: *Como Tornar-se um Profissional em Gerenciamento de Projetos*; *Winning in Business with Enterprise Project Management* (*Transformando Estratégias em Resultados Através da Gerência por Projetos*); *Creating The Project Office – A Manager's Guide To Leading Organizational Change* e teal® – *Uma Revolução em Educação Empresarial*.

Vem atuando em coaching de executivos desde 1992, tendo atuado nos setores de saúde, engenharia, bancária, construção e gestão de projetos.

É presidente do Conselho da *DINSMORECOMPASS*.

Monique Cosendey Soares

Consultora de organizações, formada em Comunicação pela ECO/UFRJ, com especialização em Relações Públicas, Publicidade e Propaganda. Especialista em Treinamento Empresarial, Recrutamento e Seleção, Planejamento e Gestão Estratégica de Recursos Humanos. Pós-graduada em Análise Transacional, com especialização na área de comportamento organizacional. Formada em Hipnose Ericksoniana. *Master Trainer* em Programação Neurolinguística, formada pelo First Institute os Neurolinguistic Programming. Grafóloga, com especialização em grafoterapia e grafoanálise. Atua há cinco anos como coach profissional, pessoal e de negócios, com foco em coaching executivo. Formada pela Lambent International (Joseph O'Connor) – Coaching Certification e pela ICI – International Coaching Institute (Randy Di Stephano). Possui experiência em empresas nacionais e multinacionais de grande porte – nível gerencial/diretoria.

Sobre os Colaboradores

Maria Ângela Neves Baptista Leal

Psicóloga, pós-graduada em recursos humanos, formação e especialização em redefinição profissional, formação em Coaching integrado (ICI) é coautora do livro *RH Positivo – Novo Mundo do Trabalho*. Qualitymark Editora, 2004. Tem diversos artigos publicados, é palestrante, consultora e instrutora sobre preparação para aposentadoria.

Alonso Mazini Soler

É sócio da J2DA Consulting. É Doutor em Engenharia de Produção pela POLI-USP, Mestre em Estatística pela Unicamp e MBA e Finanças empresariais pela FIA-USP. Alonso trabalhou 14 anos no ambiente de projetos, consultoria e educação da HP Brasil e IBM Brasil, tendo ocupado as funções de Gerente de Projetos, Gerente de Prática de Consultoria e Gerente Comercial de Projetos de Consultoria. Como professor dos programas de MBA em Gerenciamento de Projetos da FIA-USP e da FGV, Alonso procura associar os conceitos das disciplinas que ministra às práticas das empresas, bem como desafiar seus alunos a aprofundarem os estudos e a ampliarem os horizontes de seus conhecimentos.

É presidente do Conselho de *DINSMORECOMPASS*.

Antonio Cesar Amaru Maximiano

Possui graduação em Administração de Empresas pela Universidade de São Paulo (1974), mestrado em Administração pela Universidade de São Paulo (1976), supervisor de Projetos da Fundação Instituto de Administração e professora da Universidade de São Paulo. Tem experiência na área de Administração, com ênfase em Administração, atuando principalmente nos seguintes temas: gerenciamento de projetos, ensino da administração, administração de projetos e administração geral.

Cláudia Mourão

Consultora em Comunicação Humana, graduada em Fonoaudiologia, Pós-Graduada em Voz, com título de Especialista em Voz pelo Conselho Federal de Fonoaudiologia; pós-graduada em Pedagogia Empresarial – Gestão Recursos Humanos – EGF (1995). Possui formação no método Hermann de Dominância Cerebral (2005) e aplicando o método no Brasil. Tambêm tem formação Pratictioner em PNL e Coaching em Nível de Identidade (2006). Formação Internacional em Personal & Professional Coach – Sociedade Brasileira de Coaching (maio/2010). É Analista DISC – Ferramenta de Assessment – SLAC – Sociedade Latino-Americana de Coaching (fevereiro/2001) e consultora integrante da equipe de consultores e facilitadores Dinsmore Associates.

Heloísa Capelas

É diretora do Centro Hoffman no Brasil. Especializada há mais de 20 anos no desenvolvimento do potencial humano por meio do Autoconhecimento e do aumento da Competência Emocional. Coach certificada pela CCU Corporate Coach U e Master Practitioner em PNL. Expert em Psicodinâmica Aplicada aos Negócios, pós-graduada em RH e graduada em Assistência Social. Conferencista nacional e internacional, aplica cursos com a metodologia Hoffman, considerada por *Harvard* um dos trabalhos mais eficazes de mudança de paradigmas para líderes. Eleita uma das melhores conferencistas do Congresso Brasileiro de Treinamento e Desenvolvimento. Autora do eBook *Sete Passos para o Autoconhecimento – Informação, Consciência e Transformação*. Possui vasta experiência na área social, tendo atuado como presidente da APABB – Associação de Pais e Amigos de Pessoas com Deficiência de Funcionários do Banco do Brasil.

Vanda S. Souza

Graduada em Arquitetura pela UFBA – Universidade Federal da Bahia. Pós-graduação em Educação e Desenvolvimento de Recursos Humanos pela UFRJ – Universidade Federal do Rio de Janeiro. Certificação na aplicação de ferramenta SDI – Strengths Deployment Inventory®. Certificação de Consultor Facilitador em Jogo de Negócio Sustentável, Formação pela Dinsmore Associates para aplicação do teal® treinamento experiencial ao Ar Livre. Diretora da *DINSMORECOMPASS*, atua como Consultora na Formatação de Treinamentos Comportamentais e Programa de Desenvolvimento de Líderes para empresas de grande porte. Coordenou a edição do livro *teal® Uma Revolução em Educação Experiencial* e foi autora do Capitulo "Não há Mudanças sem Mudança", publicado em julho de 2004 pela Editora SENAC. Atuou na revisão dos livros: *Coaching: O Caminho para o Sucesso*, 2ª edição – Paul Dinsmore – e *Poder e Influência na Organização* – Paul Dinsmore – Qualitymark Editora.

Toolbox PBC

Ferramentas para facilitar o processo de coaching usando
o modelo PBC – *Project Based Coaching*

Paul Dinsmore
Cláudia de Oliveira Mourão
Fabio Pitorri
& Vanda S. Souza

1ª edição : 2013
No de páginas:

Para que serve este livro?

O livro *Toolbox PBC* visa orientar e instrumentalizar o pro- cesso de *coaching*, em complementação aos princípios contidos no livro texto *Coaching Prático (Qualitymark, 2ª Edição, 2011)*. O objetivo é facilitar o processo de *coaching*, tornando disponíveis instrumentos práticos a serem utilizados ao longo do processo.

A quem o livro se destina?

O livro é dirigido a dois públicos:
- Inicialmente ao *coachee*, que é o alvo do processo de co- *aching*, seja através do autocoaching, seja recebendo fa- cilitação e orientação de um *coach*, que por sua vez é um profissional treinado neste processo.
- O *Toolbox* também se dirige a este *coach*, já que fornece as orientações sobre o uso dos instrumentos. Portanto, o livro é estruturado em 3 partes:
  - 1ª Parte – Ferramentas para Uso do *Coachee*
  - 2ª Parte – Guia de Orientação para o *Coach*
  - 3ª Parte – Anexos – Instrumentos Extras O Modelo de PBC – *Project Based Coaching* - apresenta os seus respectivos componentes, que incluem: Sonho, Ambiente Atual, Missão, Valores, Visão, Objetivos e Gerencia- mento de Projetos. Essa proposta garante a inclusão dos ele- *coaching* com sucesso.

O PBC Institute

- ✓ O PBC I*nstitute*, é voltado ao aumento de produtividade das organizações através de *Coaching, Mentoring* e Gestão de *Stakeholders*
- ✓ *Coaching* utiliza o modelo inovador **PBC – *Project Based Coaching*** que combina *coaching* clássico com técnicas de gestão de projetos.
- ✓ *Mentoring* consiste num programa que estimula a transmissão de conhecimento entre mentores experientes selecionados para mentorados que requerem orientação.
- ✓ Por último, O PBC *Institute* inclui o campo de conhecimento voltado ao gerenciamento de partes interessadas *(stakeholders)*, partes estas que influenciam o sucesso ou não de todas as iniciativas organizacionais.

O que une estes campos de conhecimento são três tópicos que se completam e constituem a essência dos instrumentos contidos no PBC *Institute*, a saber:

- **Relacionamento**
- **Influência**
- **Comunicação**

Tanto o *coaching e mentoring* quanto à gestão de *stakeholders* dependem do domínio destes três fatores. Nos cursos e programas do PBC *Institute*, o vinculo destes fatores comportamentais à produtividade da organização é mapeado e demonstrado.

PBC INSTITUTE | coaching mentoring gerenciamento de stakeholder

O PBC® I*nstitute* de domínio *DinsmoreCompass*
www.dinsmorecompass.com.br